질문하고 답하기

초등학생용 사회성 기술 훈련 프로그램

질문하고 답하기 1

초판 1쇄 발행 2023년 3월 10일
초판 4쇄 발행 2024년 12월 31일

지은이 김정완 · 강경미
발행인 채종준

출판총괄 박능원
책임편집 유나
디자인 김예리
마케팅 문선영 · 전예리
전자책 정담자리
국제업무 채보라

브랜드 이담북스
주소 경기도 파주시 회동길 230 (문발동)
투고문의 ksibook13@kstudy.com

발행처 한국학술정보(주)
출판신고 2003년 9월 25일 제406-2003-000012호
인쇄 북토리

ISBN 979-11-6983-107-9 14370
     979-11-6983-111-6 (세트)

93
human
therapy

초등학생용 사회성 기술 훈련 프로그램

질문하고 답하기

1

김정완·강경미 지음

이담북스

저자의 글

사회적 기술(Social skills)은 우리가 다른 사람들과 상호작용하고 의사소통하기 위해 매일 사용하는 기술입니다. 이 기술에는 말과 몸짓, 표정 등과 같은 언어적, 비언어적 의사소통이 모두 포함됩니다. 사회적 상황에는 행동하는 방법에 대한 기초적인 공통 지식이 있습니다. 다른 사람과 의사소통할 때 겉으로 드러나는 규칙뿐만 아니라 암묵적인 규칙까지 잘 이해하고 그 기술을 효과적으로 사용하는 사람은 어떠한 사회적 상호작용 상황에서도 자신감 있고 성공적인 의사소통을 할 수 있답니다.

사회적 기술은 다른 용어로 '대인관계' 또는 '소프트 기술'이라고도 합니다. 사회적 기술이 잘 발달되어 있으면 개인, 학교, 사회에서 더욱 효과적으로 소통할 수 있고, 성공적인 관계도 만들 수 있습니다. 개인의 역량을 중요시하는 현대 사회에서 더욱 부각되고 있는 기술이지요. 사회적 기술은 타인과 긍정적으로 상호작용하고 관계를 유지해가도록 하는 데 있어서 매우 중요합니다. 특히 새로운 사람을 사귀거나, 좀 더 깊은 관계를 만들고 싶을 때 이러한 기술이 잘 발휘되어야 한답니다. 아이가 말을 한다고 해서 반드시 적절한 의사소통을 한다고 볼 수는 없습니다. 언어 사용 규칙을 배웠더라도 자신이 살아가고 있는 사회적 맥락에 맞춰 일반화하여 적용할 수 있어야 하죠.

사회적 상호작용은 환경이나 상대에 따라 매번 대처 방법이 달라집니다. 따라서 상호작용에 어려움이 발생했을 때 본인 스스로가 그 갈등을 해결할 수 있는 적절한 전략을 구사할 줄 알아야 합니다. 특히 초등학교에 입학하면서부터는 어린이집이나 유치원에 다니던 시절처럼 담임교사가 아이들의 갈등을 나서서 조정해주거나 매 이벤트마다 중재해줄 수가 없기 때문에 학령기 아이들에게 사회적 상호 작용 기술은 더욱 중요한 것이죠.

현대 사회에서는 학교에서나 직업 생활 등에서 '다른 사람의 입장이 되어 자신의 감정을 인식할 수 있는 능력'을 매우 중요하게 여깁니다. 학교와 직업 생활 모두 낯선 이들과 어우러져 친교를 쌓아야 하고, 학습이나 업무를 진행시켜야 하므로 다른 사람의 감정을 이해하고 배려하는 방식으로 반응한다면 갈등 상황에 직면할 일이 줄어들고 관계가 좋아지며 업무의 효율성도 높아지고 때로는 집단 속에서 인기 있는 사람이 될 수도 있습니다.

사회적 기술을 개발하기 위해서는 어떤 요소가 필요할까요?

- **주의와 집중** : 산만함 없이 지속적으로 활동을 수행하고 작업을 완료할 수 있는 능력

- **수용 및 표현 언어 능력** : 구어/문어를 바르게 알아듣고 자신이 원하는 바나 필요한 것, 생각 등을 전달하기 위하여 올바르게 언어를 사용하는 능력

- **놀이기술** : 개인적/집단적 즐거움과 관련된 활동에 올바른 방식을 통해 자발적으로 참여할 수 있는 능력

- **언어전기술** : 직접적인 말을 사용하지 않고 의사소통하는 방식으로 제스처, 표정, 모방, 공동 주의 및 눈 맞춤 등을 일컬음

- **자기조절** : 사회적으로 용인되는 방식으로 과제나 상황에 적합하게 자신의 감정, 행동, 주의 및 활동 수준을 획득, 유지 및 변경하는 능력

- **실행기능** : 높은 수준의 추론, 문제해결 및 사고 능력을 뜻하며 구체적인 목표를 달성하기 위해 순차적인 계획을 세우고 활동을 수행하는 것도 포함함

사회적 의사소통 문제를 가진 아이들은 아주 어린 시기부터 다양한 요소에서 어려움이 나타납니다. 하지만 어른들은 이를 알아채지 못하고 그저 조금 이기적인 아이, 눈치 없는 아이 정도로 생각하는 경우가 많답니다. 이 때문에 아이가 성장하여 본격적으로 타인과 상호작용을 하며 사회적인 관계망을 만들어갈 때가 되어서야 이상함을 감지하게 됩니다. 사회적 상호작용이 어려운 아동에게서 관찰되는 양상과 이로 인해 파생되는 행동 문제들은 쉽게 지나치기 어려울 정도로 아이 자신과 학교, 학원, 놀이 환경 등에서 갈등을 일으킵니다.

사회적 기술에 문제가 있는 아이들은 어떤 특징이 있을까요?

- 지속적인 눈 맞춤이 어렵거나 부담될 정도로 뚫어지게 응시(eye gaze)함

- 대화 상대와 말을 주고 받으며 교대로 말하는 것(turn taking)을 어려워 함

- 적절한 신체 언어를 사용하는 데 어려움을 보임

  (예: 대화할 때 얼굴을 너무 가까이 대고 말하거나, 이상하게 보일 정도로 멀리 떨어져 앉음)

- 정중한 의사소통 방식을 사용하지 않음

- 대화를 적절하게 시작하고 끝내지 못함

- 대화를 할 때에 주제 유지가 어렵고, 이야기 도중 관련 없는 말을 많이 함

- 경험이나 생각, 이야기를 길게 말할 때 구체적이고 효율적으로 설명하는 것이 어려움

- 대화할 때 같은 정보를 반복하고, 자신의 관심 주제에 대해서만 이야기하는 경향이 있음

  (예: 수학 문제 풀이, 좋아하는 TV 프로그램 등에 대한 반복적인 회상)

- 다른 사람이 하는 말에 거의 또는 전혀 관심을 보이지 않음

- 풍자, 관용구, 농담 등을 잘 이해하지 못함

  (예: 모두가 웃고 있을 때 혼자서만 어떤 지점에서 웃어야 할지 또는 왜 웃는지를 파악하지 못함)

- 타인의 말을 문자 그대로 해석하고 숨겨진 의도나 뜻을 이해하는 것이 어려움

- 목소리 톤의 변화나 얼굴 표정의 미세한 변화, 신호 등을 잘 읽을 수 없음

- 상황 파악을 잘 못하거나, 의사소통 내용이 명확하지 않아도 재설명을 요청하지 않음

- 낯선 사람이나 친하지 않은 사람에게 (지나치게) 개인 정보를 공개하는 경향을 보임

  (예: 엘리베이터 안에서 처음 만난 동네 사람에게 가족 이야기를 상세하게 말함)

- 상호작용하는 상대방에 따라 다른 태도나 의사소통 방식을 취하는 것이 어려움

  (예: 할아버지와 어린 동생에게 각각 말투나 태도를 맞춰서 바꾸지 못함)

- 놀림, 분노, 실패, 실망 등의 감정에 적절하게 대응하지 못함

- 공감 능력이 부족함

- 상상력이 부족함

  (예: 수업시간에 상상력이 요구되는 자유주제 글쓰기에 어려움을 겪을 수 있음)

- 자기중심적인 모습을 보임

- 집단에서 함께 논의하여 결정한 상황이나 내용에 순응하지 않고 내 방식만을 고집함

- 숫자, 코드로 반응하는 것을 즐기기도 하고 좀 더 선호하는 경향이 있음

- 특정 환경에서 행동 문제를 보임

  (예: 교실에서 또래의 머리를 잡아당기거나, 선생님에게 엄마한테 하듯이 떼를 부리면서 대들거

  나 하는 행동)

사회적 의사소통에 문제를 가지는 대표적인 진단 중에는 '자폐스펙트럼장애 (Autism Spectrum Disorder)'가 있습니다. 사회적 상호작용 문제를 가진 경우, 자폐스펙트럼장애와 혼동할 수 있습니다. 사회적 의사소통문제를 가진 경우와 자폐스펙트럼장애는 명확하게 다릅니다. 사회적 목적을 가지고 의사소통에 참여하는 것이 어렵다는 점에서 이 둘은 공통된 특성을 가지지만 분명한 차이가 있답니다. 자폐스펙트럼장애를 가진 경우, 상동 행동(목적이나 기능이 확실하지 않은 일정하고 규칙적인 반복 행동. 손가락 흔들기, 몸을 앞뒤/좌우로 움직이기 등)을 보이거나, 절차를 중시하는 성향과 강박적인 태도를 나타내기도 합니다. 또, 비정상적으로 흥미의 영역이 좁고 제한된 관심사를 가집니다. 특히, 또래 관계에 대한 관심이나 시도가 현저하게 적은 것이 특징이죠. 이는 사회적 의사소통 문제를 가진 아동들에게는 관찰되지 않는 특징입니다. 일부 사회적 의사소통 문제를 가진 아이들 중 제한된 관심사를 나타내는 경우가 있으나, 자폐스펙트럼장애로 진단되기에는 충분하지 않은 수준이고 또래나 사람 간의 관계에 대한 흥미에는 비정상적인 제한을 보이지 않는답니다.

　본서에서는 아동의 사회성 향상에 도움이 되는 활동을 제공하여 우리 아이들이 좀 더 나은 상호작용 기술과 전략, 지침을 갖고 그룹 환경에 노출될 수 있도록 돕고자 합니다.

사회성 향상에 도움이 되는 활동들

- **시각 자료** : 대화를 시작할 때 기억해야 할 규칙들을 시각화하기

- **역할극** : 아는 사람이 아무도 없는 상황(예: 놀이터, 생일파티, 게임, 전학 등)에 합류할 때 본인이 어떻게 반응하면 좋을지 연습하기

- **다양한 감정을 이해하고 연습하기**

- **차례 지키기, 지는 것 연습하기** : 누구의 차례인지를 인지하고 항상 '승자'가 될 수 없다는 것을 받아들이도록 연습하기

- **대화에 기여하기** : 대화의 원활한 진행을 위해 본인이 기여할 수 있는 다양한 방법(예: 질문하기, 말한 내용에 대해 언급하기, 주제와 관련된 내용 추가하기)을 생각해 보기

- **역할극 및 자가 피드백** : 역할극을 통해 부적절한 의사소통 시도나 반응을 분석하고 수정하기

위에서 열거한 활동들 외에도 수십 가지의 다양한 활동을 통해 아동이 친구들과 게임을 하거나, 대화하거나, 같은 취미로 동아리 활동을 하거나, 운동을 하는 등의 단체 생활에서 적절하게 소통하고 관계를 맺을 수 있도록 도울 수 있습니다. 아이가 소외감을 느끼지 않고 그룹 속에서 어우러질 수 있게 치료사나 상담사, 교사, 학부모 등 모두가 적극적으로 도움을 주어야 합니다. 부디 본서가 이런 도움의 일환으로 잘 활용되길 기대해 봅니다. 저술하는 기간 동안 콘텐츠에 대한 조언을 해준 이영민, 김은미 언어재활사에게 심심한 감사의 인사를 전합니다.

대표 저자 씀

목차

- 《질문하고 답하기》는 1권과 2권으로 나뉘어 있습니다. 1장~3장은 1권에, 4장~6장 및 부록은 2권에 담았습니다.
- 오려내는 활동 자료는 책 뒷부분에 모아 실었습니다. (216쪽~262쪽)

1

사회성
기초 쌓기

똑똑똑, 노크부터 하기

다음 이야기를 보고 어떤 상황인지 생각하며 이야기 나누어 봅시다.

민주는 준우네 집에 놀러 갔어요. 준우네 부모님은 민주에게 말했지요.

"민주야, 화장실은 가족들이 모두 다 같이 사용하기 때문에 들어가기 전 꼭! '노크'를 하렴."

시간이 지나 화장실이 가고 싶어진 민주는 부모님의 말씀을 잊어버리고 노크를 하지 않은 채 화장실 문을 '벌컥!' 열었어요.

화장실에는 준우가 똥을 누고 있었어요.

생각 넓히기

1 무슨 일이 일어났는지 이야기해 봅시다.

2 민주와 준우는 각자 무슨 생각이 들었을까요?

3 민주와 준우가 어떤 감정을 느꼈을지 생각하며 표정을 상상해 봅시다.

4 노크란 무엇인가요?

5 노크는 왜 해야 할까요?

6 만일, 민주가 들어가기 전 노크를 했다면 어떻게 되었을까요?

7 노크를 해야 하는 상황을 생각해 봅시다.

🏠 노크를 하면 어떤 소리가 날까요? 다양한 장소에서 노크를 하며 소리를 들어 보세요. 내가 생각하는 노크 소리를 말풍선 칸에 적어 봅시다. 그리고 노크의 의미와 노크를 하는 이유에 대해서도 이야기해 보아요.

• 노크의 의미 :

• 노크를 하는 이유 :

🏠 노크를 하면서 할 수 있는 말을 생각하여 적은 후, 직접 노크하며 말해 봅시다.

"들어가도 되나요?"

🏠 상대방에게 노크하도록 안내할 수 있는 '나만의 노크하기 팻말'을 만들어
봅시다.

[보 기]

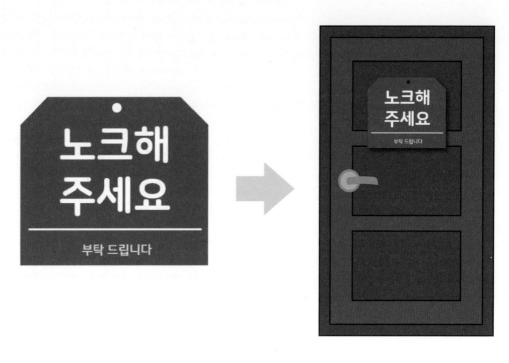

① 나만의 팻말 만들기   ② '나만의 팻말'을 문에 달기

• 노크 팻말에 어떤 말을 써볼까? 다양한 말을 생각해 보자!

• 어떤 그림을 그려 넣어볼까?
  나의 생각이 잘 전달될 수 있는 그림은 무엇일까?

• 팻말은 어떤 색깔로 꾸미면 좋을까? 아름다운 색깔, 눈에 잘 띄는 색깔,
  경고를 줄 수 있는 색깔 등등! 골라보자!

• 어떤 곳에 '노크 팻말'을 붙이면 좋을까?

🏠 상대방에게 노크하도록 안내할 수 있는 '나만의 **노크** 팻말'을 만들어 봅시다. 다음 제시된 질문도 함께 풀어 보세요.

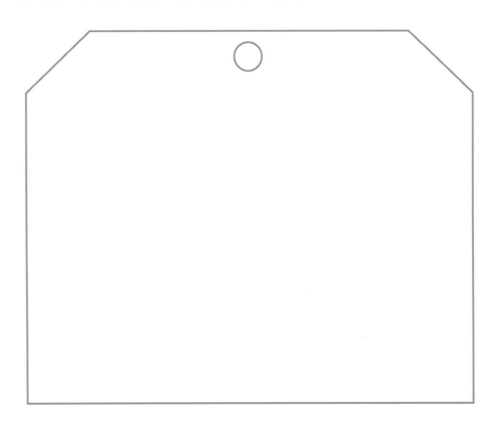

노크를 한다는 것은 안에 있는 사람에게

"들어가도 되나요?", "안에 계신가요?", "잠깐 시간 내주실 수 있나요?"

라는 말을 전하는 것과 같아요.

1 문에 노크 팻말을 다는 이유가 무엇일까?

2 노크를 하지 않고 문을 벌컥 열면 안에 있는 사람은 어떤 기분이 들까?

3 노크를 했는데 안에서 답이 없으면 어떻게 해야 할까?

4 노크를 꼭 해야 하는 곳을 세 군데만 말해 보자!

✏️ 즐거운 노크 팻말 만들기!

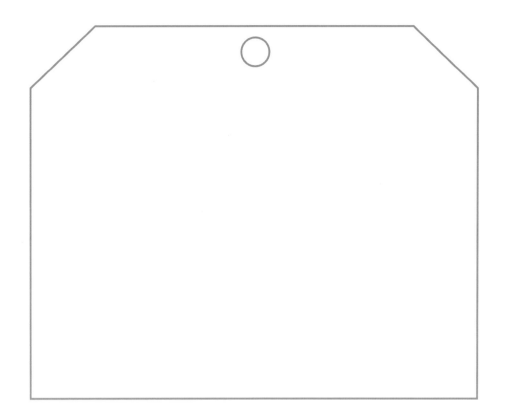

노크와 관련된 단어를 알아 보아요.

- 단어: **프라이버시**(사생활, Privacy)
- 뜻 : 개인의 생활이나 집 안에서의 사적인 일, 또는 그것을 남에게 간섭 받지 않을 권리 (출처: 표준국어대사전)

1 노크를 하는 것이 왜 다른 사람의 프라이버시를 지켜주는 일일까?

2 문을 열기 전 노크를 하면 안에 있는 사람은 어떤 기분을 느낄까?

3 다른 사람의 프라이버시를 지켜주기 위해 또 어떤 배려를 할 수 있을까?

🏠 [보기]와 같이 '노크를 꼭 해야 하는 상황'에는 O 표시를, '노크를 하지 않아도 되는 상황'에는 X 표시를 해 봅시다.

[보 기]

"누구 계신가요?"

"식당은 많은 손님들이 들어갈 수 있는 곳이기 때문에 노크하지 않아도 돼요."

학교 교실 문은?

택시 문은?

💡 잠깐!

O 표시를 한 곳에는 할 수 있는 말을 생각하여 표현해 보고, X 표시를 한 곳에는 노크를 하면 안 되는 이유에 대해 말해볼까요?

친구 집 현관문은?

엘리베이터 문은?

옷장 문은?

옷을 갈아입는 탈의실 문은?

 잠깐!

O 표시를 한 곳에는 할 수 있는 말을 생각하여 표현해 보고, X 표시를 한 곳에는 노크를 하면 안 되는 이유에 대해 말해볼까요?

비상문은?

가족의 방문은?

병원 입구 유리문은?

 잠깐!

O 표시를 한 곳에는 <u>할 수 있는 말</u>을 생각하여 표현해 보고, X 표시를 한 곳에는 <u>노크를 하면 안 되는 이유</u>에 대해 말해볼까요?

비밀 문자들을 풀어 봅시다. 규칙에 따라 이 문자들을 바꾸면 '노크'할 때의 주의사항이 나와요. 비밀 문자들을 글자로 바꾸고 아래에 다시 적어 봅시다.

규칙판이랍니다! 보면서 활동하세요.

▼	%	◀	!	↑	*
ㄱ	ㅅ	ㅋ	ㄴ	ㅈ	ㄷ

#	^	♠	$	−	&
ㅋ	ㅏ	ㅑ	ㅡ	ㅕ	ㄹ

(	♥	8	⟩	=	@
ㅜ	ㅐ	3	ㅁ	ㅛ	ㅗ

■	?	♣	+	♧	♪
ㅂ	ㅓ	ㅣ	ㅇ	ㅔ	ㅎ

💡 이렇게 하는 거예요!

- 앞의 규칙판에서 해당하는 모양을 찾아 초록색 글자를 써 봅시다.

!	@	#	$
ㄴ	ㅗ	ㅋ	ㅡ

초록색 글자를 조합하면 어떤 말이 되나요?

정답 : **노크**

- 규칙판에서 해당하는 모양을 찾아 초록색 글자를 쓰고, 어떤 말인지 맞춰보아요.

!	@	#	$	!	$	!	%	^	&	%

^	&	*	(	*	$	&	−	+	=

정답 :

!	@	#	$	!	$	!	8	■	?	!

〉	^	!	*	(	*	$	&	−	+	=

정답 :

*	♥	*	^	■	을	*	$	*	▼	@

〉	(	!	을	+	−	&	+	?	+	=

정답 :

+	=	+	▼	?	!	없	이	〉	(	!

을	*	(	*	$	&	♣	↑	♣	〉	^

%	♧	+	=

정답 :

〉	(	!	을	■	?	&	◀	?	▼

열	↑	♣	〉	^	%	♧	+	=

정답 :

🏠 비밀 문자 암호판을 보며 <u>반드시 노크해야 하는 장소</u> 단어를 암호로 만들어 봅시다.

비밀 문자 암호판

1	!	@	#	$	%	^
ㄱ	ㄴ	ㄷ	ㄹ	ㅁ	ㅂ	ㅅ

2	&	*	9	〈	:	5
ㅇ	ㅈ	ㅊ	ㅋ	ㅌ	ㅍ	ㅎ

□	◎	3	▲	∴
ㄲ	ㄸ	ㅆ	ㅉ	ㅃ

×	4	∪	◆	7	→	♬
ㅏ	ㅓ	ㅗ	ㅜ	ㅡ	ㅣ	ㅐ

♥	♧	6	♨	☆
ㅔ	ㅑ	ㅕ	ㅛ	ㅠ

화장실

5	∪	✕	&	✕	2	^	→	#
ㅎ	ㅗ	ㅏ	ㅈ	ㅏ	ㅇ	ㅅ	ㅣ	ㄹ

먼저 생각해 보기!

반드시 노크해야 하는 곳

26쪽 암호판 보면서 만들기!

내가 만든 암호

➡️

➡️

➡️

➡️

27

오늘 해야 할 일은 반드시 해요

👩 다음 이야기를 보고 어떤 상황인지 생각하며 이야기를 나누어 봅시다.

　　시우네는 항상 같은 시간에 숙제를 하기로 약속했습니다. 오늘도 어김없이 아빠는 시우와 동생에게 숙제할 시간임을 알려주며 가지고 놀던 장난감들을 정리하라고 했습니다. **"이제 숙제할 시간이란다. 숙제 끝나면 내일 학교 갈 준비부터 해야 해."** 아빠의 말이 끝나자마자 동생은 일어나 장난감을 정리하고 책상에 앉았어요. 하지만 시우는 장난감을 방으로 가지고 들어가 노는 것을 멈추지 않았어요.

생각 넓히기

1 무슨 일이 일어나고 있는지 이야기해 봅시다.
2 시우가 방으로 장난감을 가지고 들어간 이유는 무엇일까요?
3 오늘 시우가 반드시 해야 하는 일은 무엇인가요?
4 앞으로 시우에게 어떤 일이 벌어질까요?
5 매일 같은 시간에 정해진 일을 하는 것이 좋은 이유는 무엇일까요?
6 해야 할 일을 제때 하지 않아 힘들었던 경험을 이야기해 봅시다.

🏠 하루생활 계획표를 통해 오늘 할 일을 체크해 봅시다.

하루 생활 계획표

년   월   일   요일   날씨 :

• 오늘 반드시 해야 하는 일!   ☐ _____

☐ _____   ☐ _____

☐ _____   ☐ _____

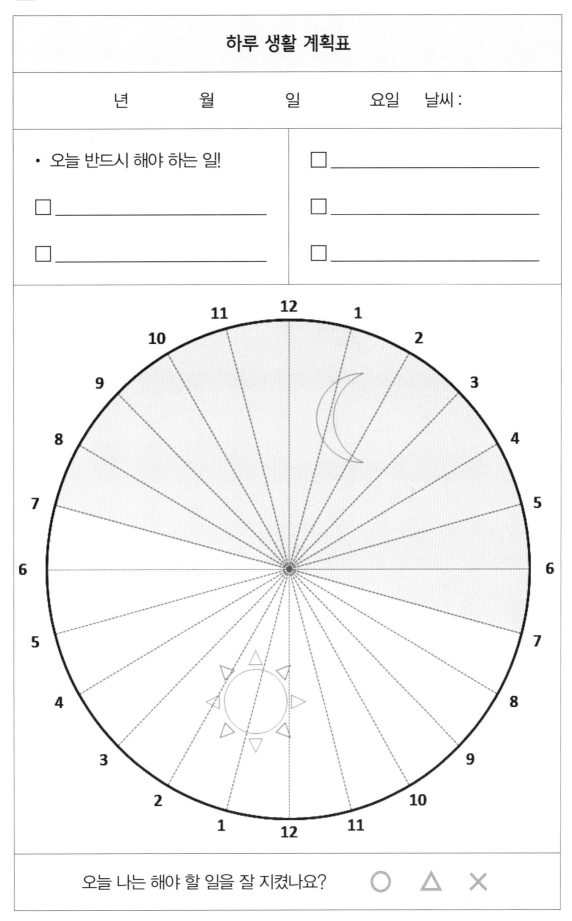

오늘 나는 해야 할 일을 잘 지켰나요?   ○ △ ✕

일주일 동안 해야 할 일을 적고 체크해 봅시다. 해야 할 일을 마친 후, 오늘의 기분을 그림으로 그려보아요.

주간 생활 계획표

날짜(요일)	체크	항목	오늘은?	날짜(요일)	체크	항목	오늘은?
11 / 15 (일)	×	일기쓰기	☺	( )			
	O	목욕하기					
	×	수학 문제집 3장 풀기					
	×	책 읽기					
	O	알림장 꼭 확인하기					

30

🏠 하루 생활 계획표를 통해 오늘 할 일을 체크해 봅시다.

일일 확인판! 해야 할 일을 체크해 봅시다.	
☀️ 아침	🌙 저녁
해야 할 일을 그리거나 적어 보세요 이를 닦아요. ☐	해야 할 일을 그리거나 적어 보세요 깨끗하게 씻어요. ☐
해야 할 일을 그리거나 적어 보세요. ☐	해야 할 일을 그리거나 적어 보세요. ☐
해야 할 일을 그리거나 적어 보세요. ☐	해야 할 일을 그리거나 적어 보세요. ☐
해야 할 일을 그리거나 적어 보세요. ☐	해야 할 일을 그리거나 적어 보세요. ☐
해야 할 일을 그리거나 적어 보세요. ☐	해야 할 일을 그리거나 적어 보세요. ☐
해야 할 일을 그리거나 적어 보세요. ☐	해야 할 일을 그리거나 적어 보세요. ☐

🏠 내가 꼭 해야 하는 일에 대한 기억판을 만들어 봅시다. 완성된 기억판은 자주 가는 장소마다 붙여두고 잊어버리지 않도록 해주세요. (p.235의 도안을 오려 사용하세요.)

[보 기]

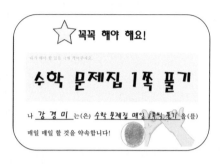 

• 제작한 기억판은 집안 곳곳에 붙여 주세요.

내가 꼭꼭 해야 하는 일, 자주 잊어버리는 일은 무엇이 있을까요?

1.

2.

3.

4.

5.

물건은 제자리에 정리해서 놓기

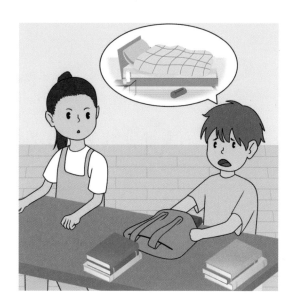

다음 이야기를 보고 어떤 상황인지 생각하며 이야기 나누어 봅시다.

　지후는 학교 끝나고 집으로 들어와 가방에서 물건을 다 꺼냈어요. 교과서는 바닥에, 필통은 침대에 던지고 가방은 구석으로 던졌지요. 그리고 지후는 소파에 누웠어요. 엄마는 지후에게 말했어요.

　"지후야, 물건은 항상 정리해서 제자리에 두어야 해. 그렇게 물건을 아무 곳에나 두면 다음에 못 찾을지도 몰라~" 지후는 엄마의 말을 들은 척도 하지 않았어요. 다음 날, 학교에 간 지후는 가방에 필통이 없다는 것을 알았어요. 전날 침대에 던져 놓고 챙겨오지 못한 것이었죠.

생각 넓히기

1　무슨 일이 일어났는지 이야기해 봅시다.

2　지후의 행동 중 잘못된 부분은 무엇인가요?

3　물건을 제자리에 두어야 하는 이유는 무엇인가요?

4　지후의 얼굴 표정을 보고 어떤 생각과 감정이 들지 설명해 봅시다.

5　지후가 학교에 필통을 챙겨서 가져오려면 어떻게 했어야 할까요?

6　물건을 계속해서 제자리에 정리하지 않으면 어떻게 될까요?

7　지후처럼 물건을 제대로 정리하지 않으면 주변 사람들은 어떤 점이 불편할까요?

8　물건을 사용하고 나서 제자리에 정리해서 두면 어떤 점이 좋을까요?

🏠 방이 마구마구 어지럽혀져 있어서 필요한 물건을 찾을 수가 없어요. [보기]에 제시된 물건을 찾아 동그라미 해주세요. 다 찾은 후, 방의 상태에 대해 이야기하며, 물건을 제자리에 두지 않으면 어떻게 되는지 말해 봅시다.

[보 기]

물건의 이름	어디에 둘까?	물건의 이름	어디에 둘까?
➡		➡	
➡		➡	
➡		➡	

물건의 이름	어디에 둘까?	물건의 이름	어디에 둘까?
➡		➡	
➡		➡	
➡		➡	

🏠 나만의 옷걸이 이름표를 만들어 봅시다. 완성된 이름표를 옷걸이에 달아 어떤 옷을 걸어놓을지 생각해 보아요.

[보 기]

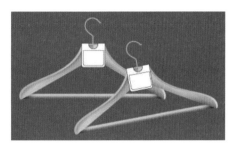 

준비물

풀, 가위, 도안(p.219), 옷걸이, 테이프, 꾸미기 도구 (예: 색연필, 스티커 등)

✏️ 옷걸이 이름표 만드는 방법

정리할 옷과 옷걸이를 준비해요.

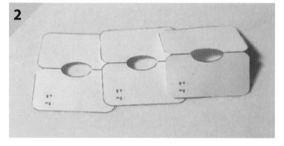

P.219에 있는 도안을 예쁘게 오려주세요.

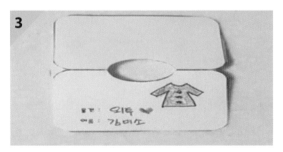

도안에 물건과 나의 이름을 쓰고,
예쁘게 꾸며보아요.

완성된 도안의 가운데 구멍으로
옷걸이의 걸이 부분을 쏙 넣어주세요.

 잠깐! 옷걸이에 옷을 어떻게 정리해야 깔끔하고 편리할까요? 옷의 종류에 따라 거는 방법을 생각하여 설명해 봅시다.

🏠 나만의 정리 이름표를 만들어 봅시다. 완성된 이름표는 물건을 정리할 장소에 붙여 주세요.

[보 기]

준비물

가위, 도안(p.237~239), 테이프, 꾸미기 도구 (예 : 색연필, 사인펜, 스티커 등)

✏️ 정리 이름표 만드는 방법

정리할 물건을 모아서
정리할 곳에 예쁘게 담아요.

가위로 p.237~239에 있는 도안을
예쁘게 잘라요.

자른 도안에 정리할 물건 이름을 적고,
어떤 물건인지 그려보아요.

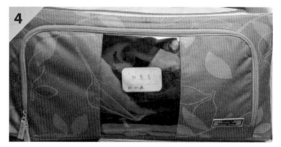

완성된 도안은 물건을
정리할 곳에 붙여주세요.

 잠깐! 각 물건들을 어떤 곳에 정리하면 좋을지 생각하여 정해 봅시다.

🏠 다음 이야기를 읽고, '정리정돈 보드게임'을 해 봅시다.

정리정돈이 필요해!

엄마가 집을 비운 어느 날, 유리와 민우, 가희 그리고 은우는 학교에 다녀와 집에서 놀고 있었어요. 가방은 한 쪽 구석에 휙, 옷은 반대쪽 바닥에 휙, 물건들을 휙휙!! 문득 집 안을 둘러보니 집이 엉망진창으로 어지럽혀져 있었어요. 띠띠띠띡 철컥, 마침 집에 돌아온 엄마는 엉망인 집을 보고는 화가 머리 끝까지 났어요. "너희!!!!" 유리와 민우, 가희 그리고 은우는 황급히 집 안을 정리정돈하기 시작했어요.

💡 게임 방법

1. **p.221**에 있는 도안을 오려 **'이동 말'**을 만든 후, 원하는 말을 선택하세요!
   (이동 말을 선택하는 방법은 게임에 참여한 사람끼리 정해 보아요.)

2. 모든 말을 보드게임 판(p.223) 출발 지점에 세워주세요.
   도착 지점에 **'엄마 이동 말'**이 먼저 도착하면 **'아이 이동 말'**들은 모두 지는 거예요.

3. 다 같이 **'가위바위보'**를 해요. **1등은 4칸, 2등은 3칸, 3등은 2칸, 4등은 1칸**을 이동합니다. 꼴등은 움직일 수 없어요!
   (게임에 참여하는 사람이 적다면 등수에 따라 몇 칸을 이동할지 정해 봅시다.)

4. 이동한 칸에 **그려진 물건**을 보고 **'어디에, 어떻게 정리해야 하는지'**를 설명하세요. 만약, 설명하지 못한다면 다시 원래 있었던 자리로 돌아가야 해요.
   만약, 이동하다가 **'엄마 말'**과 **'아이 말'**이 같은 칸에 오게 된다면! **'아이 말'**은 엄마에게 된통 혼나고 다시 '시작 지점'으로 돌아가게 됩니다.

5. '아이 말'들이 모두 도착 지점에 오면 성공!!!

전화 예절의 중요성

 다음 이야기를 보고 어떤 상황인지 생각하며 이야기 나누어 봅시다.

　　늦은 밤, 성경이는 내일 친구와 만나기로 한 약속에 대해 물어볼 것이 생각나 친구한테 전화를 걸었어요. 신호음이 울리고 친구 어머니가 전화를 받았습니다. 성경이가 대뜸 큰 목소리로 "혜림이는요?"라고 물었어요. 친구 어머니는 잠시 머뭇거리다가 "혜림이는 지금 자고 있어. 누구니?"라고 물었습니다. 성경이는 대답하지 않고 "아, 알겠어요. 됐어요."라고 말하고는 전화를 뚝 끊어버렸어요. 친구 어머니는 조용히 혼잣말로 '이 늦은 시간에 전화를 한단 말야?! 자기 할 말만 하고 갑자기 뚝 끊어버리다니 정말 예의가 없네.'라고 중얼거렸어요.

생각 넓히기

1　무슨 일이 일어났는지 이야기해 봅시다.

2　전화 통화에서 성경이가 잘못한 부분은 무엇인가요?

3　친구의 어머니는 성경이의 전화를 받았을 때 왜 머뭇거렸을까요?

4　성경이의 행동으로 인해 혜림이 어머니는 어떤 생각과 감정이 들었을까요?

5　전화를 할 때 지켜야 할 예절은 무엇이 있을까요?

6　주변 사람에게 예절을 지켜 전화를 걸어 봅시다.

🏠 다른 사람과 전화를 할 때 지켜야 하는 예절로 알맞은 번호를 찾아 써보세요.

1 상대방이 전화를 받을 수 있는 상황인지 확인한다.

2 상대방이 전화를 끊었는지를 확인한 후에 끊는다.

3 나의 할 말이 끝나면 상대방의 말을 듣지 않고 전화를 빠르게 끊어 버린다.

4 인사말을 하고 내가 누구인지 먼저 알려준다.

5 옆에서 누군가 말을 걸면 전화 도중이라도 대화부터 한다.

6 용건이 있을 때에는 가능한 늦은 시간에 전화를 건다.

올바른 것은?

· ·

1 전화를 받자마자 "누구야!"라고 물어본다.

2 '이거, 저거, 그거' 등 얼버무리는 단어 보다는 구체적인 낱말을 정확하게 사용하여 말한다.

3 통화를 오래하는 것은 실례이므로 최대한 말 속도는 빠르게 한다.

4 다른 사람에게 전해야 하는 내용은 메모하고, 내용이 맞는지 다시 확인한다.

5 전화를 건 사람이 누구인지 확인하고 이야기한다.

올바른 것은?

· ·

🏠 부모님 휴대폰으로 걸려온 전화를 받게 되었어요. 나는 전화를 받아서 뭐라고 말할 수 있을까요? 전화를 받은 순간 상대방에게 어떤 말을 해야 할지 생각하여 적어 봅시다.

· 전화를 받을 때, 다음 중 나는 어떠한 사항을 지켰는지 ☐칸에 체크해 봅시다!

☐ 전화 건 사람이 누구인지 예의 바르게 확인한다.

☐ 찾는 사람이 자리에 없을 때에는 전달할 말이 있는지 물어본다.

☐ 전화를 바꿔주기 위해 부르거나 말할 때에는 수화기를 막아 들리지 않도록 한다.

☐ 부모님의 전화를 왜 내가 받게 되었는지 간단하게 설명한다.

💡 **잠깐!** 위의 상황을 실제로 말하듯이 연습해 보세요! 역할을 정해 표현해 보는 것도 좋답니다.

🏠 친구의 휴대폰으로 전화를 걸었는데 친구의 부모님이 받았어요. 나는 뭐라고 말할 수 있을까요? 상대방이 전화를 받은 순간 어떤 말을 해야 할지 생각하여 적어 봅시다.

• 전화를 걸었을 때, 다음 중 나는 어떠한 사항을 고려하였는지 ☐칸에 체크해 봅시다!

☐ 전화를 받은 사람에게 내가 누구인지 공손한 말투로 밝힌다.

☐ 전화를 건 시간이 너무 이른 아침이거나 늦은 밤이 아닌지 확인한다.

☐ 전화한 이유와 찾는 사람을 간단하게 말한다.

☐ 내가 찾는 사람이 없을 때에는 메모를 남겨줄 수 있는지, 또는 언제쯤 전화하면 되는지 물어본다.

💡 **잠깐!** 위의 상황을 실제로 말하듯이 연습해 보세요! 역할을 정해 표현해 보는 것도 좋답니다.

🏠 돋보기를 준비하세요! 돋보기로 다음 모양에 제시된 질문을 잘 읽은 후, 적절하게 답해 봅시다.

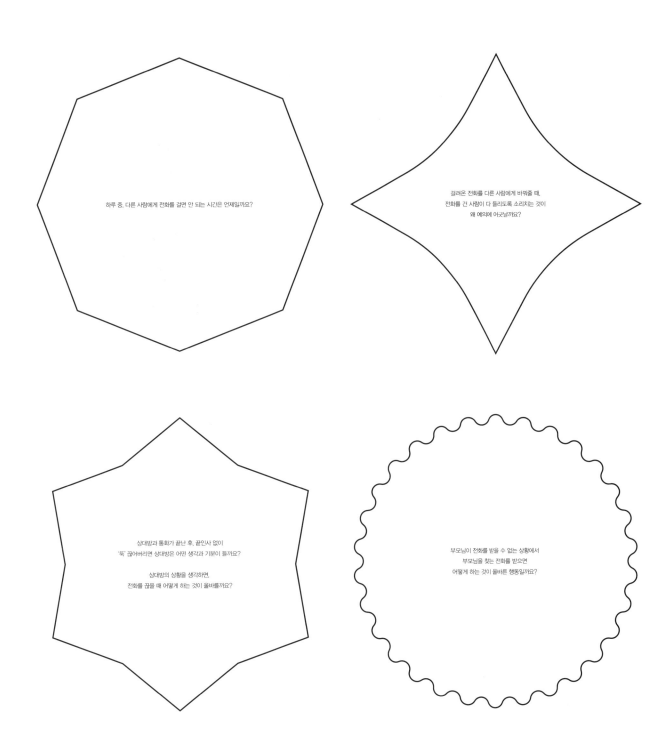

하루 중, 다른 사람에게 전화를 걸면 안 되는 시간은 언제일까요?

걸려온 전화를 다른 사람에게 바꿔줄 때, 전화를 건 사람이 다 들리도록 소리치는 것이 왜 예의에 어긋날까요?

상대방과 통화가 끝난 후, 끝인사 없이 '뚝' 끊어버리면 상대방은 어떤 생각과 기분이 들까요?

상대방의 상황을 생각하면, 전화를 끊을 때 어떻게 하는 것이 올바를까요?

부모님이 전화를 받을 수 없는 상황에서 부모님을 찾는 전화를 받으면 어떻게 하는 것이 올바른 행동일까요?

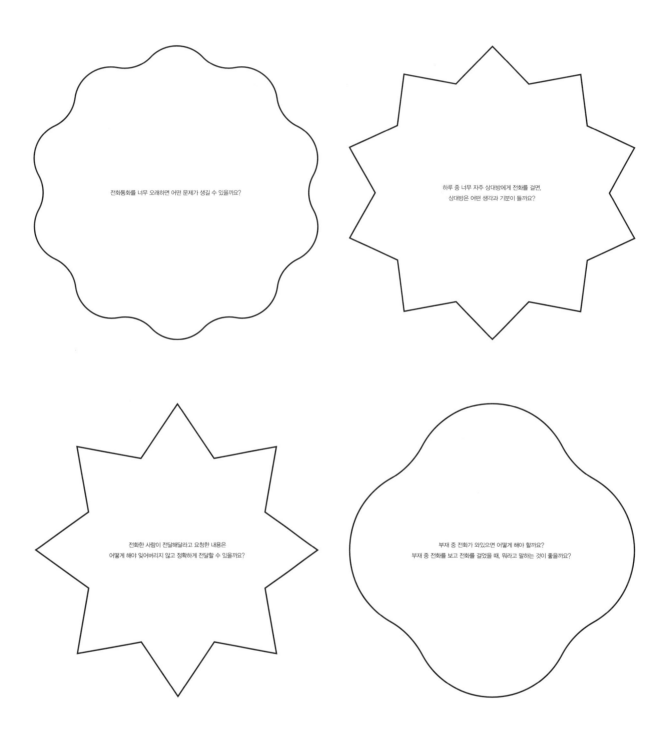

전화통화를 너무 오래하면 어떤 문제가 생길 수 있을까요?

하루 중 너무 자주 상대방에게 전화를 걸면,
상대방은 어떤 생각과 기분이 들까요?

전화한 사람이 전달해달라고 요청한 내용은
어떻게 해야 잊어버리지 않고 정확하게 전달할 수 있을까요?

부재 중 전화가 와있으면 어떻게 해야 할까요?
부재 중 전화를 보고 전화를 걸었을 때, 뭐라고 말하는 것이 좋을까요?

감정 표현하기

👤 다음 이야기를 보고 어떤 상황인지 생각하며 이야기 나누어 봅시다.

솔이는 항상 무표정합니다. 좋은 일이 있어도, 속상한 일이 있어도 늘 같은 표정, 무덤덤한 반응이에요. 엄마가 예쁜 옷과 장난감을 사줘도 무표정한 얼굴로 "고맙습니다."라고 말합니다. 친구가 장난감을 뺏어가도 쳐다보기만 합니다.

어느 날, 오랜만에 친구가 솔이를 찾아왔어요. 친구는 반가운 얼굴로 솔이에게 달려가 인사했어요. 하지만 솔이는 친구를 보고는 반가운 기색 없이 "어, 그래." 라고만 대답했어요.

생각 넓히기

1 무슨 일이 일어났는지 이야기해 봅시다.

2 오랜만에 만난 친구는 솔이의 반응을 보고 어떤 생각과 감정이 들었을까요?

3 감정표현을 제대로 하지 않으면 어떤 점이 안 좋을까요?

4 평소 솔이의 행동을 보고 주변 사람들은 어떤 생각을 했을까요?

5 내가 알고 있는 여러 가지 감정들에 대해 말해 봅시다.

각각의 감정들은 어떻게 표현해야 적절한지에 대해서도 알아 보고 연습해 봅시다.

🏠 여러 가지 감정에 대해 알아 봅시다. 다음 제시된 감정 단어를 보고 어떤 느낌인지 적어 보세요. 그리고 그 감정을 표현하는 방법도 함께 적어 봅시다.

기쁘다

기쁠 때에는 어떻게 표현해야 할까요?

1. 표정

2. 몸짓

3. 말

어떤 상황에서 '기쁜' 감정을 느낄 수 있을까요?
해당 상황에서 어떻게 행동해야 하는지 생각하며 재연해 봅시다.

1. 생일 선물을 받았을 때

2. 상이나 칭찬을 받았을 때

3.

4.

화나다

화날 때에는 어떻게 표현해야 할까요?

1. 표정

2. 몸짓

3. 말

어떤 상황에서 '화난' 감정을 느끼나요?
해당 상황에서 어떻게 행동해야 하는지 생각하며 재연해 봅시다.

1. 30분 넘게 줄을 서 있는데 누군가가 새치기를 했을 때

2. 새로 산 볼펜을 친구가 뺏어갔을 때

3.

4.

미안하다

미안할 때에는 어떻게 표현해야 할까요?

1. 표정

2. 몸짓

3. 말

어떤 상황에서 '미안한' 감정을 느끼나요?
해당 상황에서 어떻게 행동해야 하는지 생각하며 재연해 봅시다.

1. 실수로 친구의 발을 밟았을 때

2. 약속에 늦은 나를 친구가 오랫동안 기다렸을 때

3.

4.

고맙다

고마울 때에는 어떻게 표현해야 할까요?

1. 표정

2. 몸짓

3. 말

어떤 상황에서 '고마운' 감정을 느끼나요?
해당 상황에서 어떻게 행동해야 하는지 생각하며 재연해 봅시다.

1. 엄마가 열 나는 나를 밤새 곁에서 간호해주셨을 때

2. 무거운 짐을 들고 있는데 친구가 도와주었을 때

3.

4.

속상하다

속상할 때에는 어떻게 표현해야 할까요?

1. 표정

2. 몸짓

3. 말

어떤 상황에서 '속상한' 감정을 느끼나요?
해당 상황에서 어떻게 행동해야 하는지 생각하며 재연해 봅시다.

1. 아끼던 물건이 망가졌을 때

2. 늘 함께 어울리던 친구들이 나만 빼고 놀 때

3.

4.

당황하다

당황스러울 때에는 어떻게 표현해야 할까요?

1. 표정

2. 몸짓

3. 말

어떤 상황에서 '당황스러운' 감정을 느끼나요?
해당 상황에서 어떻게 행동해야 하는지 생각하며 재연해 봅시다.

1. 버스/지하철을 탔는데 버스 카드나 지갑이 없을 때

2. 수업 시간에 처음 배운 내용을 선생님이 갑자기 발표시키실 때

3.

4.

짜증나다

짜증날 때에는 어떻게 표현해야 할까요?

1. 표정

2. 몸짓

3. 말

어떤 상황에서 '짜증나는' 감정을 느끼나요?
해당 상황에서 어떻게 행동해야 하는지 생각하며 재연해 봅시다.

1. 엄마가 스마트폰을 못 보게 하며 계속 공부하라고 잔소리할 때

2. 무더운 여름날, 처음 가보는 길에서 몇 시간 동안 헤맬 때

3.

4.

우울하다

우울할 때에는 어떻게 표현해야 할까요?

1. 표정

2. 몸짓

3. 말

어떤 상황에서 '우울한' 감정을 느끼나요?
해당 상황에서 어떻게 행동해야 하는지 생각하며 재연해 봅시다.

1. 열심히 공부했는데 시험을 망쳤을 때

2. 생일날, 아무에게도 축하받지 못하고 혼자 집을 봐야할 때

3.

4.

통쾌하다

통쾌할 때에는 어떻게 표현해야 할까요?

1. 표정

2. 몸짓

3. 말

어떤 상황에서 '통쾌한' 감정을 느끼나요?
해당 상황에서 어떻게 행동해야 하는지 생각하며 재연해 봅시다.

1. 나를 맨날 괴롭히던 덩치 큰 친구가 선생님에게 잘못한 것을 들켜 혼날 때

2. 친구들과 게임을 같이하면 늘 지다가 처음으로 이겼을 때

3.

4.

민망하다

민망할 때에는 어떻게 표현해야 할까요?

1. 표정

2. 몸짓

3. 말

어떤 상황에서 '민망한' 감정을 느끼나요?
해당 상황에서 어떻게 행동해야 하는지 생각하며 재연해 봅시다.

1. 나를 좋아한다는 친구가 꽃을 들고 교문 앞에서 기다릴 때

2. 미술 선생님이 반 친구들 앞으로 불러내서 여러 가지 포즈를 해 보라고 시킬 때

3.

4.

🏠 여러 가지 감정 중 한 가지를 선택하여 아래 빈 칸에 써넣어 보세요.

감정을 써보세요.   어떤 느낌인가요?

➡️

어떻게 표현해야 할까요?

1. 표정

2. 몸짓

3. 말

어떤 상황에서 이러한 감정을 느끼나요?
해당 상황에서 어떻게 행동해야 하는지 생각하며 재연해 봅시다.

1.

2.

3.

4.

제시된 상황을 보고 아이가 어떤 감정이 들지 생각하여 표정을 그려 봅시다. 그리고 어떤 말을 할지 말풍선에 적어 보세요.

상황 1

친구가 포켓몬 빵과 스티커를 선물해 주었어요.

상황 2

친구가 못생겼다며 나를 놀려요.

시험을 잘 본 것 같지 않은데 선생님이 나를 칭찬해요.

아빠가 나보다 동생을 더 예뻐해요.

상황 5

동생이 내 교과서에 낙서를 했어요.

상황 6

엄마가 내가 원하는 선물을 사주지 않았어요.

상황 7

친구가 자꾸 나한테 몸을 기대요.

상황 8

언니가 새로 산 내 옷을 먼저 입었어요.

최근에 나에게 있었던 일을 생각하며 특별한 감정이 들었던 때가 있었는지 떠올려봅시다. 내가 겪은 일을 쓰고 어떤 감정이 들었는지, 어떤 말을 했는지 써 봅시다. p.241~243에 있는 스티커를 활용하여 얼굴도 꾸며보세요.

내가 경험한 일을 써 봅시다.

🏠 다음 대본을 보며 역할을 정해 대화를 주고받은 후, 질문에 알맞게 답해 보아요.

1) 지수의 생일날

(지수의 집, 맛있는 음식이 차려진 생일상 주변에 지수와 친구들이 옹기종기 모여 앉아 있고, 친구들은 지수에게 선물을 건넨다.)

재민 (해맑게 웃으며) 지수야! 생일 축하해!

지수 (재민이를 무표정하게 쓱 쳐다보고는) 그래.

재민 (지수와 눈을 다시 맞추며 선물을 꺼내 내밀면서) 지수야! 내가 준비한 선물이야! 열어봐!

지수 (선물을 받고는 무표정하게 선물 상자를 멀뚱멀뚱 쳐다본다.)

재민 (의아한 표정으로 지수를 쳐다본다.)

지수 (무미건조한 말투로) 고마워. (선물을 뜯어 보고는 가만히 들고 있다.)

재민 지수야, 혹시 선물이 마음에 안 들어?

지수 (무표정하게 재민이를 쳐다보며) 아니, 마음에 들어.

다음 질문을 읽고 알맞게 답하세요.

1. 지수의 반응을 보며 재민이는 어떤 생각이나 감정이 들었을까요?

2. 재민이가 선물을 주었을 때, 지수는 어떻게 감정을 표현해야 했을까요?

2) 친구와 부딪혔어요.

(장난치며 걸어가던 서희가 가만히 서 있던 채윤이를 보지 못하고 부딪혔다.)

채윤 (얼굴을 살짝 찡그리며) 아얏!

서희 (순간적으로 인상을 팍 쓰면서) 아, 아퍼!! 뭐야?
　　 (채윤이를 보고는) 어? 채윤아, 너 왜 거기 서있어?

채윤 (무표정하게) 어…… 음… (대답하지 않고 가만히 서 있다.)

서희 (투덜거리며 혼잣말로) 아, 진짜 아프잖아. 휴……
　　 (채윤이를 보며 약간 걱정이 되는 표정으로) 너 괜찮아?

채윤 (움직이지 않고 가만히 무표정하게 서희를 쳐다본다.)

서희 (이해할 수 없는 표정으로) 아파? 아니면 괜찮은거야??

채윤 (고개를 휙 돌려버린다.)

서희 (이해할 수 없는 표정으로 채윤이를 부르며) 채윤아!? 화난 거야? 왜 그래?

다음 질문을 읽고 알맞게 답하세요.

1. 채윤이는 어떤 기분이 들었을 것 같나요?

2. 채윤이의 반응을 보며 서희는 무슨 생각을 했을까요?

3. 서희와 부딪힌 후, 채윤이는 자신의 감정을 서희에게 어떻게 표현했어야
　 할까요?

3) 찢어진 친구의 책

(시아는 호석이의 교과서를 실수로 찢었다.)

시아 (호석이에게 찢어진 교과서를 건네며) 여기 있어.

호석 (인상을 찌푸리며) 이거 왜 이래? 책이 찢어졌잖아!?

시아 (무표정한 얼굴로 책을 보면서) 이거.. 보다가 찢어졌어. 미안해.

호석 (기분 나쁜 표정으로 시아를 쳐다보면서) 야! 넌 미안하다고 말만 하면 다야?

시아 (무표정하게) 미안.

호석 (화가 난 표정으로) 네 표정은 하나도 미안한 것 같지 않아.
너한테 다시는 어떤 것이든 빌려주지 않을 거야. 저리 가.

시아 (혼잣말로) 사과했는데.. 왜 저렇게 화를 내는 거야..

다음 질문을 읽고 알맞게 답하세요.

1. 시아가 사과를 했지만 호석이는 왜 계속 화를 냈던 걸까요?

2. 시아는 호석이에게 미안함을 어떻게 표현했어야 할까요?

64

4) 내가 그런 게 아닌데..

(소연이는 언니 책상에 놓여진 찢어진 편지를 발견한다.)

언니 소연아, 너 여기서 뭐해?

소연 (찢어진 편지를 손에 들고) 아, 이거..

언니 (경악하는 표정으로 소리 지르며) 야!! 너 이거 뭐야!!!!!!!!!!! 왜 찢은 거야!!

소연 (깜짝 놀라 언니를 쳐다본다.)

언니 (짜증내며 큰 목소리로) 엄마! 소연이가 내 편지 다 찢어놨어!
　　　아, 정말 짜증나 죽겠어!!!!

엄마 (찡그린 얼굴로) 김소연!! 너 왜 언니 물건을 함부로 만져!!
　　　빨리 미안하다고 사과해!!!!

언니 (소연이를 노려보며) 너 진짜 이거 어떻게 할거야!!

소연 (놀란 표정으로 엄마와 언니를 쳐다보며) 아.. 나는 아닌데.. (우물쭈물)

다음 질문을 읽고 알맞게 답하세요.

1. 위의 상황에서 소연이는 어떤 생각과 감정이 들었을까요?

2. 소연이는 자신의 감정을 어떻게 표현해야 할까요? (표정, 몸짓, 말)

5) 부모님이 없는 날엔 불안해요.

(엄마가 외출 준비를 마치고 수빈이를 부른다.)

엄마 수빈아, 엄마 밖에 나갔다 올게. 집 잘 보고 있어.

수빈 (얼굴을 잔뜩 찡그리고) 엄마!!! 어디 가?? 빨리 밥 차려줘!!
　　　이거 들고 있지 말고!!! (엄마의 가방을 뺏는다.)

엄마 (인상을 쓰며 답답하다는 표정으로) 수빈아, 엄마 늦었어.
　　　저기 밥솥에 밥 있으니까 배고프면 챙겨 먹어~

수빈 (짜증을 내면서 소리를 지른다.) 아, 왜!!!!!! 뭐야!!!! 싫어!!!!

엄마 (황당한 표정으로 수빈이를 쳐다보며 화를 낸다.) 얘가 왜 이래!!
　　　너 빨리 엄마 가방 안 줘!?! 네가 좀 알아서 챙겨 먹으면 되잖아!

수빈 (엉엉 울기 시작하며) 싫어!!! 짜증난단 말이야!!!!! 이 가방도 싫어!!!!!!!!
　　　엉엉......!!! (엄마 가방을 바닥에 던진다.)

엄마 (수빈이를 이해할 수 없다는 표정으로) 갑자기 가방을 왜 던져!!
　　　신수빈! 너 이렇게 하면 정말 혼나!!!

수빈 (큰 소리로 울며) 아빠도 싫고, 엄마도 싫어!!! 다 미워!!!!!
　　　흑흑 엄마 빨리 여기 소파에 앉으라고!!!! (소리를 지른다.)

다음 질문을 읽고 알맞게 답하세요.

1. '불안하다.'라는 감정은 어떤 느낌일까요? 어떤 상황에서 불안한 감정을 느낄까요?

2. 엄마가 집에 없는 것이 불안한 수빈이는 어떻게 자신의 감정을 표현해야 할까요?

화가 났을 때 마음 다루기

 다음 이야기를 보고 어떤 상황인지 생각하며 이야기 나누어 봅시다.

[소은이네]   [민우네]

소은이는 화가 나면 물건을 집어 던집니다. 그리고 바닥에 누워 자지러지게 울지요. 때로는 주변에 있는 사람을 물거나 때리기도 합니다. 소은이가 화가 나면 세상이 떠나가라 비명을 지른답니다.

민우는 화가 나면 다른 사람들이 보이지 않는 작은 공간으로 숨어버립니다. 밥도 안 먹고 말도 안해요. 엄마가 말을 걸면 족제비 같은 눈으로 흘겨보고는 입을 삐죽삐죽 거리지요.

생각 넓히기

1 무슨 일이 일어났는지 이야기해 봅시다.

2 소은이와 민우는 화가 났을 때 어떻게 행동했나요? 올바른 행동인가요?

3 소은이와 민우의 행동을 보는 주변 사람들은 어떤 생각과 감정이 들지 생각해 보고,
   그림 속 엄마의 표정을 상상해 봅시다.

4 아주 많이 화가 날 때에는 어떻게 해야 감정이 가라앉을까요?

5 화가 난 감정을 주변 사람들에게 어떻게 전달하는 것이 좋을까요?

6 평소에 내가 화가 났을 때 어떻게 했었는지 생각한 후, 올바르게 행동하는 방법에 대해
   이야기해 봅시다.

🏠 다음 문제를 읽고, 알맞은 답을 써 봅시다.

1) 화가 났을 때에는 나의 기분을 다른 사람에게 어떻게 전달해야 할까요?

2) 화를 가라앉히기 위해서는 무엇을 할 수 있을까요?

3) 화가 났던 경험을 떠올려 아래에 적어 봅시다. 나는 화가 났을 때 어떻게 행동했는지도 함께 써보세요.

🏠 내가 화가 났을 때 했던 행동을 찾아 동그라미 해 봅시다. 그리고 그 행동으로 인해 어떤 결과가 일어났는지에 대해서도 이야기해 보아요.

바닥에 눕는다   소리를 지른다   운다

때린다   꼬집는다

깨문다   물건을 던진다   상대방을 민다

째려본다   말을 안한다

나쁜 말을 한다   삐진다   쳐다보지 않는다

화가 났을 때, 위와 같이 행동하면 어떤 결과가 생길까요?
상대방은 어떤 기분이 들었을까요?

69

잠깐 쉰다   심호흡을 한다   숫자를 센다

화가 난 이유를   기다린다
설명한다

나의 기분을   상대방에게   나의 감정과 생각을
말한다   화났음을 알린다   글로 써본다

눈을 감고   좋아하는 것을
좋은 생각을 한다   생각한다

상대방의 입장을   맛있는 것을
생각해본다   운동을 한다   먹는다

화가 났을 때, 위와 같이 행동하면 어떤 결과가 생길까요?
위의 제시된 것 외에 화를 가라앉힐 수 있는 긍정적인 방법을 생각해 보세
요.

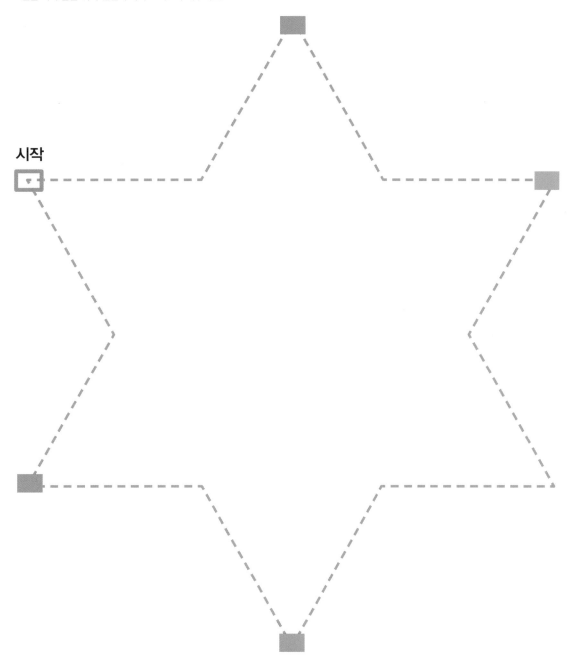

화가 날 때에는 다음 제시된 '릴렉스 도형활동'을 해 봅시다. 점선을 천천히 따라 그리다가 초록색 네모가 나타나면 크게 숨을 들여마신 뒤 내뱉으세요. 도형을 다 그린 후, 내가 화난 이유를 생각하여 말로 설명해 봅시다.

· 그리기 도구는 부드러운 것으로 준비해주세요.
· 선을 따라 숨을 쉬며 천천히 따라 그리도록 해주세요.

시작

내가 화가 난 이유를 설명한 후, 해결 방법을 생각해 봅시다.

- 그리기 도구는 부드러운 것으로 준비해주세요.
- 선을 따라 숨을 쉬며 천천히 따라 그리도록 해주세요.

시작

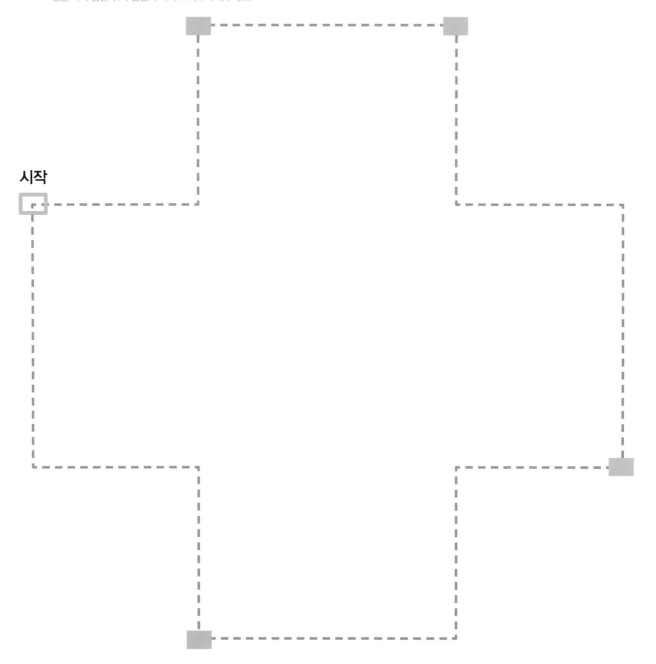

내가 화가 난 이유를 설명한 후, 해결 방법을 생각해 봅시다.

· 그리기 도구는 부드러운 것으로 준비해주세요.

· 선을 따라 숨을 쉬며 천천히 따라 그리도록 해주세요.

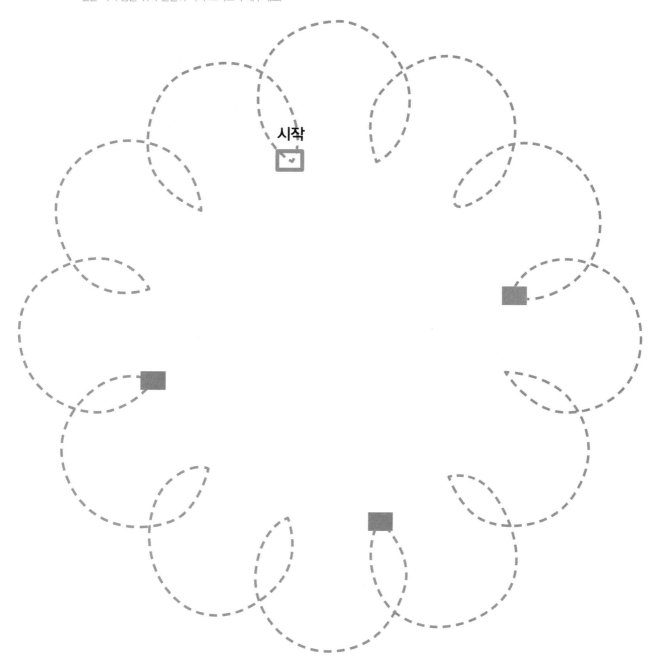

시작

내가 화가 난 이유를 설명한 후, 해결 방법을 생각해 봅시다.

시작

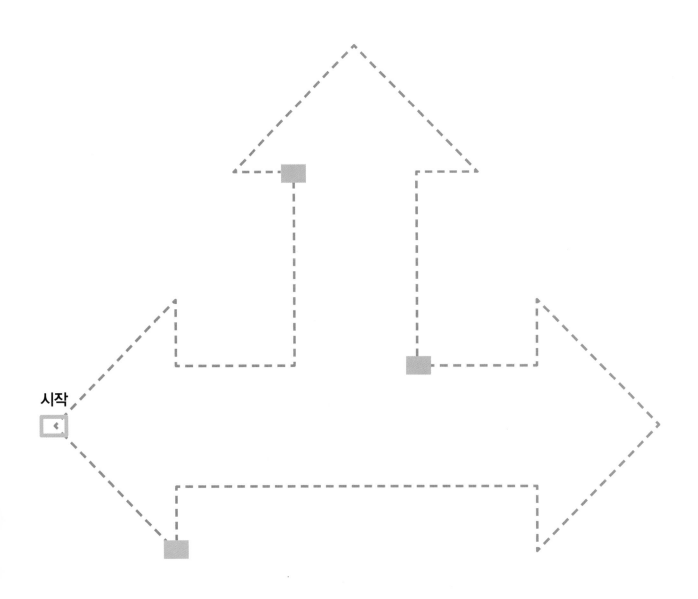

내가 화가 난 이유를 설명한 후, 해결 방법을 생각해 봅시다.

중요한 것이 무엇인지 생각하기

🧑 다음 이야기를 보고 어떤 상황인지 생각하며 이야기 나누어 봅시다.

오늘은 학교에서 시험을 치는 날이에요. 제우는 자리에 앉아 시험지를 받았지요. 시험지에 이름을 쓴 제우는 글자 모양이 마음에 들지 않았어요. 제우는 한참 동안 시험지에 이름을 썼다 지웠다 반복했어요. 어느새 시간은 30분이나 지나버렸어요. 그제서야 시험 문제를 풀기 시작한 제우는 결국 답을 다 쓰지 못하고 시험지를 제출했어요.

생각 넓히기

1 무슨 일이 일어났는지 이야기해 봅시다.

2 제우는 왜 시간에 알맞게 시험문제를 풀지 못했을까요?

3 시험 시간에 제우가 가장 중요하게 생각해야 하는 것은 무엇이었나요?

4 제우가 어떻게 했어야 시험을 잘 마칠 수 있었을까요?

5 지금 나에게 중요한 것이 무엇인지 생각하지 않으면 어떤 일이 벌어질까요?

6 중요한 것이 무엇인지 잘 생각해서 행동하면 어떤 점이 좋을까요?

🏠 일의 순서는 어떻게 정할 수 있을까요? 다음 표에 나의 할 일을 적고, 해당하는 항목에 동그라미 표시를 해 봅시다. 동그라미 개수가 많은 것부터 차례대로 적어 일의 순서를 정해 보아요.

할 일을 적어 보세요.	꼭 해야 하는 일인가요?	지금 당장 해야 하나요?	끝내야 하는 시간이 얼마 남지 않았나요?	혼자서도 할 수 있는 일인가요?	중요한 일인가요?	동그라미 개수

동그라미 개수가 많은 것부터 차례대로 적어 보세요.

1

2

3

4

5

6

🏠 다음 제시된 상황에 따라 어떤 행동을 가장 먼저 해야 하는지 선택해 봅시다.

1) 가장 먼저 해야 하는 행동을 선택하여 O 표시해 봅시다.

   지금은 **자기 직전**이에요. 나는 무엇부터 해야 할까요?

   (   ) 휴대폰으로 만화 보기

   (   ) 세수와 양치질

   (   ) 친구에게 메시지 보내기

   (   ) 홈트레이닝 하기

   (   ) 방 정리하기

2) 가장 먼저 해야 하는 행동을 선택하여 O 표시해 봅시다.

   학교에서 **점심을 먹기 직전**이에요. 나는 무엇부터 해야 할까요?

   (   ) 친구들이랑 초콜릿 나눠먹기

   (   ) 손 깨끗하게 씻기

   (   ) 내일 수업에 필요한 것 챙기기

   (   ) 학원 수학 숙제 미리 하기

   (   ) 새로 산 필통을 친구한테 보여주기

3) 가장 먼저 해야 하는 행동을 선택하여 O 표시해 봅시다.

학원 차를 기다리는데 타야 할 시간이 20분이나 지났는데도 차가 오지 않아요. 나는 어떻게 해야 할까요?

(   ) 그 자리에 서서 계속 휴대폰 게임을 해요.

(   ) 엄마한테 전화를 걸어 학원 차가 오지 않는다고 말해요.

(   ) 옆 반 친구한테 전화해서 수다를 떨어요.

(   ) 핸드폰으로 교통정보에 들어가 도로 상황을 확인해요.

(   ) 집으로 돌아가 내일 해야 하는 숙제를 미리 해요.

4) 가장 먼저 해야 하는 행동을 선택하여 O 표시해 봅시다.

학교 미술시간에 그림을 그리다가 짝꿍의 실수로 내 티셔츠에 물감이 튀었어요. 나는 어떻게 해야 할까요?

(   ) 물감이 묻은 티셔츠를 벗어서 쓰레기통에 버려요.

(   ) 물감을 닦아내기 위해 수업 도중 집으로 바로 가요.

(   ) 친구에게 당장 새 티셔츠를 사달라고 말해요.

(   ) 화장실에 가서 물감을 닦고 오겠다고 선생님께 말씀드려요.

(   ) 내 옷에 묻은 만큼 친구의 옷에도 물감을 튀겨요.

🏠 다음 문제를 잘 보고, 내가 집중해야 하는 것과 그 이유를 써 봅시다.

1) 다음 상황을 보고, 해당 상황에서 무엇이 가장 중요한지 이야기해 봅시다.

박물관으로 견학을 갔어요.

· 박물관 매점에서 맛있는 핫도그를 팔아요.

· 바로 옆에 서있던 친구가 넘어졌어요.

· 선생님께서 전시된 유물에 대해 설명해주어요.

· 뒤에 있던 친구가 나에게 농담을 해요.

나는 무엇에 집중해야 할까요? 가장 중요한 것을 선택하고, 그 이유를 적어 보세요.

....

....

2) 다음 상황을 보고, 해당 상황에서 무엇이 가장 중요한지 이야기해 봅시다.

가족과 함께 식당으로 외식하러 갔어요.

· 주문한 음식이 맞게 나왔는지 확인해요.

· 슬라임 카페에서 친구들이 같이 놀자고 연락이 왔어요.

· 내일 친구와의 약속을 확인하기 위해 문자를 보내요.

· 휴대폰에서 아이돌 동영상을 틀어요.

나는 무엇에 집중해야 할까요? 가장 중요한 것을 선택하고, 그 이유를 적어 보세요.

....

....

3) 다음 상황을 보고, 해당 상황에서 무엇이 가장 중요한지 이야기해 봅시다.

학교에서 시험을 쳐요.

- 시험지에 있는 문제를 집중해서 풀어요.

- 글자 모양이 마음에 들지 않아 다시 쓰고 싶어요.

- 짝꿍이 연필과 지우개를 떨어뜨렸어요.

- 친구에게 물어 보고 싶은 말이 갑자기 생각났어요.

나는 무엇에 집중해야 할까요? 가장 중요한 것을 선택하고, 그 이유를 적어 보세요.

· ·

· ·

4) 다음 상황을 보고, 해당 상황에서 무엇이 가장 중요한지 이야기해 봅시다.

친구와 3시에 만나기로 했어요. 지금은 2시 30분이랍니다.

- 친구와 만날 때 입을 옷을 옷장에서 다 꺼내어 골라요.

- 친구와 만나기로 약속한 장소에 가요.

- 오랫동안 연락이 없던 친구에게 안부 전화를 걸어요.

- 내일까지 학교에 가져가야 하는 숙제를 해요.

나는 무엇에 집중해야 할까요? 가장 중요한 것을 선택하고, 그 이유를 적어 보세요.

· ·

· ·

🏠 만약 나에게 다음과 같은 상황이 일어났다면 어떻게 했을까요? 행동 순서에 알맞게 숫자를 적어 봅시다.

1) 밖에서 갑자기 코피가 나서 옷에 피가 묻었어요.

얼굴에 묻은 피를
휴지로 닦아요.

옷에 묻은 피를
휴지로 닦아내요.

집에 가서
옷을 벗어 세탁해요.

콧등을 잡고 고개를 숙여
코피를 멈추게 해요.

2) 요리를 하다가 손을 살짝 베였어요.

소독약으로
상처 난 곳을 소독해요.

약통을 찾아
꺼내요.

상처에 연고를
발라요.

깨끗한 반창고나
거즈를 붙여요.

3) 엄마가 마트에서 장을 봐 오라고 심부름을 시켰어요.

마트에서
엄마가 사오라고 한
물건을 골라요.

엄마에게
무엇을 사오면 되는지
한 번 더 확인해요.

계산하기 전
심부름 목록을
다시 확인해요.

계산대에서 계산하고
물건을 빠짐없이
챙겨요.

필요한 돈을
잘 챙겨요.

4) 자전거를 타고 공원 가는 길에 횡단보도를 건너려고 해요.

횡단보도에
다다르면
자전거에서 내려요.

횡단보도를
건너가기 전
오른쪽, 왼쪽을
잘 살펴봐요.

횡단보도를
완전히 건넌 후
자전거를 타요.

자전거를 양손으로
안전하게 잡고
끌면서 건너요.

신호등이 초록불로
바뀔 때까지
기다려요.

5) 지금 주변에 큰불이 났어요.

수건이나 옷으로
코와 입을 막아요.

얼른 자세를
낮춰요.

신속하게
비상구를 통해
나와요.

119로 전화를
걸어 불이 났음을
알려요.

숨을 크게
들이마셨다가 내쉬며
호흡을 가다듬어요.

6) 아침에 혼자 학교 갈 준비를 해요.

아침밥을
먹어요.

화장실에서
깨끗하게
씻어요.

옷을
갈아입어요.

시간을 확인해요.
늦었다면 빨리
행동해야 해요.

가방에
빠진 준비물은 없는지
확인해요.

🏠 다음 문제를 풀며, 상황에 따라 일의 순서를 어떻게 결정할지 연습해 봅시다.

1) 다음 활동을 보고 해야 할 일의 순서를 매겨봅시다.

지금은 일요일 오후 12시 30분이에요. 나는 무엇부터 해야 할까요?

(   ) 화분에 물주기

(   ) 내일 학교 갈 때 필요한 준비물 챙기기

(   ) 오후 1시에 놀러 오는 친구에게 줄 선물 포장하기

(   ) 다음 주 화요일에 있는 학원 숙제하기

(   ) 아침에 먹은 그릇과 식탁 정리하기

2) 다음 활동을 보고 해야 할 일의 순서를 매겨봅시다.

학교에 등교한 직후에요. 나는 무엇부터 해야 할까요?

(   ) 수업에 필요한 물건 꺼내기

(   ) 친구들과 안부 인사 나누기

(   ) 시간표 확인하기

(   ) 청소도구로 주변 청소, 정리하기

(   ) 가방과 겉옷 정리하기

3) 다음 활동을 보고 해야 할 일의 순서를 매겨봅시다.

지금은 자기 전이에요. 나는 무엇부터 해야 할까요?

(   ) 양치질하기

(   ) 다음 날 필요한 물건 챙기기

(   ) 부모님께 '안녕히 주무세요.' 인사드리기

(   ) 잠옷으로 갈아입기

(   ) 휴대폰 확인하기

4) 다음 활동을 보고 해야 할 일의 순서를 매겨봅시다.

학교에서 밥을 먹기 전이에요. 나는 무엇부터 해야 할까요?

(   ) 맛있게 밥 먹기

(   ) 넘어진 친구 일으켜 세워주기

(   ) 지저분해진 사물함 정리하기

(   ) 깨끗하게 손 씻기

(   ) 선생님이 내일까지 해달라고 부탁한 심부름하기

3) 다음 활동을 보고 해야 할 일의 순서를 매겨봅시다.

나는 집에서 쉬다가 다음 상황이 발생했어요! 나는 무엇부터 해야 할까요?

(   ) 엄마가 만든 반찬을 먹어 보라고 불러요.

(   ) 전화벨이 울리고 있어요.

(   ) 아빠가 화장실에서 휴지가 없다며 갖다 달라고 말해요.

(   ) 형이 축구를 하러 나가자고 해요.

(   ) 필통을 바닥에 쏟았어요.

4) 다음 활동을 보고 해야 할 일의 순서를 매겨봅시다.

운동장에서 놀고 있는데 다음 상황이 발생했어요. 나는 무엇부터 해야 할까요?

(   ) 민우가 넘어져서 무릎에 피가 나요.

(   ) 휴대폰을 바닥에 떨어뜨렸어요.

(   ) 소라가 무거운 짐을 함께 들어달라고 불러요.

(   ) 엄마가 오기 전 미역을 사오라고 했어요.

(   ) 옷이 더러워져서 빨아야 해요.

아래의 장소와 상황에서 내가 해야 하는 행동을 순서대로 적어 봅시다.

학교에
등교한 후에는?

학교/학원 마치고
집에 돌아간 후에는?

잠자기 전에는?

밥을 먹기 전에는?

외출하기 전에는?

수업이 시작되면?

🏠 나의 하루 계획표를 완성해 봅시다. 오늘 내가 해야 할 일을 모두 적고, 순서를 매겨보세요. 순서에 맞게 하나씩 실천한 후, 완료된 일에는 표시해 봅시다.

.... 의 하루 계획표

월 일 요일		
순서	완료	해야 할 일

2

위생 및 청결 관리하기

기침 예절 지키기

다음 이야기를 보고 어떤 상황인지 생각하며 이야기 나누어 봅시다.

콜록콜록, 엣취!! 예은이는 감기에 걸렸어요. 간질간질, 예은이는 입을 막지 않고 기침을 했어요. 침방울이 여기저기 튀었어요.

하진이가 "어우~ 야! 입 막고 기침 해야지. 얼굴에 튀었잖아."하고 소리를 질렀지만 예은이는 "그럴 수도 있지. 푸하하!! 하진이 얼굴에 내 침 묻었더래요~. 묻었더래요~"하고 놀렸어요.

생각 넓히기

1 무슨 일이 일어났는지 이야기해 봅시다.

2 예은이와 하진이 중 어떤 친구가 잘못한 것 같나요? 그리고 그 이유는 무엇인가요?

3 예은이가 기침하는 모습을 본 주변 친구들의 표정을 상상하며 어떤 생각과 감정이 들었을지 말해 봅시다.

4 왜 기침을 할 때 입을 막아야 할까요?

5 기침이 날 때 할 수 있는 올바른 행동을 모두 말해 보세요.

6 기침을 했던 경험을 기억하며 나는 기침이 나올 때 어떻게 대처했는지 말해 봅시다.

🏠 다음 [보기]를 참고하여 문장을 읽은 후, 알맞은 제시어를 찾아 괄호 안에 넣어 문장을 완성해 보세요.

[보 기]

[제시어]

손수건	1시간	가면
안경	옷소매	친구필통
손바닥	30분	팔꿈치
30초	마스크	손가락

1 기침이 나오려고 하면, (　　　　　　)이나 휴지로 입을 가려요.

2 입을 가릴만한 것이 없다면, 어깨나 (　　　　　　)로 가려요.

3 기침, 재채기 후에는 비누로 손을 (　　　　　　) 이상 씻어요.

4 기침이 계속 나온다면 (　　　　　　)를 착용하세요.

🏠 병균을 다른 사람에게 옮기는 기침! 기침이 날 때에는 꼭 마스크를 껴야 해요.

✏️ 마스크를 크게 그려주세요. 마스크를 쓰지 않은 채 기침을 계속 하면 주변 사람들이 어떤 생각을 할지에 대해서도 말해 봅시다.

마스크도 하지 않은 채,
기침을 계속 한다면
주변 사람들은
어떤 생각을 할까요

?

마스크도 하지 않은 채,
기침을 계속 한다면
주변 사람들은
어떤 생각을 할까요

?

마스크도 하지 않은 채,
기침을 계속 한다면
주변 사람들은
어떤 생각을 할까요

?

마스크도 하지 않은 채,
기침을 계속 한다면
주변 사람들은
어떤 생각을 할까요

?

🏠 다음 상황을 보고, 해결 방법을 생각하여 써 봅시다.

상황 1

친구와 마주보고 이야기를 하다가
갑자기 재채기가 나오려고 해요.
어떻게 해야 할까요?

....

....

상황 2

감기에 걸려서 계속 기침을 해요.
오늘 친구 생일파티에 가기로 했는데…
어떻게 해야 할까요?

....

....

상황 3

사람들과 함께 있다가 나도 모르게 기침이 나왔어요.
그래서 손으로 재빨리 입을 막았어요.
어떻게 해야 할까요?

....

....

상황 4

지하철(버스)을 탔는데, 옆에 앉은 사람이

계속 기침을 심하게 해요.

어떻게 해야 할까요?

상황 5

친구와 둘이 놀고 있는데,

친구가 코가 간지러운지 재채기를 하려는 움직임을 보여요.

어떻게 해야 할까요?

상황 6

감기에 걸렸는지 목이 따갑고

계속 기침이 나요.

어떻게 해야 할까요?

손톱과 발톱 깎기

👧 다음 이야기를 보고 어떤 상황인지 생각하며 이야기 나누어 봅시다.

세아와 민호는 함께 간식을 먹었어요. 세아는 빵을 집으려는 민호의 손을 보았어요. 민호의 손톱은 길고 까만 때가 껴있었어요. 세아는 민호에게 "너 손톱이 너무 긴 것 같아. 손톱 사이도 새까맣잖아! 손톱이 길면 긁힐 수도 있고, 지저분해 보인다고~"라고 말했어요. 민호는 웃으면서 양말을 벗어 세아에게 발톱을 보여주었어요. "내 발톱도 볼래? 나는 발톱도 엄청 길다~!!"

생각 넓히기

1 무슨 일이 일어났는지 이야기해 봅시다.

2 민호의 손톱과 발톱을 본 세아의 얼굴 표정을 상상하며 어떤 생각과 감정이 들었을지 말해 봅시다.

3 손톱과 발톱이 길거나 지저분하면 어떤 점이 안 좋을까요?

4 손톱과 발톱은 어떻게 관리해야 할까요?

5 지금 내 손톱과 발톱은 어떠한가요?

6 손톱이나 발톱이 더럽거나 길어서 불편했던 경험을 떠올려 이야기해 봅시다.

🏠 다음 상황을 보고, 해결 방법을 생각하여 써 봅시다.

손톱과 발톱은 우리의 부드러운 피부와 달리 플라스틱처럼 딱딱한 피부로 이루어져 있어요. 우리의 손톱과 발톱은 외부 세균으로부터 손끝과 발끝을 보호해준답니다. 또, 발끝과 손끝에 힘을 더해주어 손가락과 발가락을 움직이는데 도움을 주기도 해요. 이처럼 손톱과 발톱은 중요한 역할을 합니다.

우리의 손톱과 발톱은 조금씩 자랍니다. 그래서 손톱과 발톱이 너무 길면 심하게 부러졌을 때 손톱과 발톱의 안쪽 피부에 상처가 생긴답니다. 또, 손톱과 발톱 안에 이물질이 많이 끼어서 보기에도 안 좋습니다. 손톱과 발톱에 많은 이물질이 끼이면 세균이 득실거려 위생에도 좋지 않겠지요.

1) 위의 글에서 '빨간색'으로 표시된 단어의 뜻을 알아 봅시다.

플라스틱   외부   보호하다

역할   이물질   득실거리다   위생

2) 위의 글을 잘 읽고, 손톱과 발톱의 역할은 무엇인지 써 봅시다.

....

....

....

....

3) 위의 글에서 손톱과 발톱을 잘 깎지 않으면 어떤 문제가 생기는지 써 봅시다.

....

....

....

....

4) 손톱과 발톱이 너무 길고 더러우면 주변 사람들은 어떤 생각을 할지 써 봅시다.

....

....

....

....

🏠 손과 발을 대고 따라 그려보세요. 그리고 깨끗하고 멋진 손톱, 발톱과 더러운 손톱, 발톱을 구별하여 그려 봅시다.

손이나 발을 대고 따라 그린 후, **더럽고 긴** 손톱 또는 발톱을 그려 봅시다.

• 더러운 손톱(발톱)은 어떤 모습인가요?

• 더러운 손톱(발톱)을 보니 어떤 기분이 드나요?

• 손톱(발톱)이 계속 더럽거나 길면 어떤 문제가 생길까요?

손이나 발을 대고 따라 그린 후, **깨끗하게 멋진** 손톱 또는 발톱을 그려 봅시다.

• 깨끗하고 멋진 손톱(발톱)은 어떤 모습인가요?

• 깨끗한 손톱(발톱)을 보니 어떤 기분이 드나요?

• 손톱(발톱)을 깨끗하고 멋지게 관리하는 방법을 말해 봅시다.

손톱, 발톱이 길고 더러워서 세균들이 득실득실거려요. 세균이 몰려있는 손톱, 발톱 끝에 까만 때를 색칠한 후, 선 따라 잘라주세요. 손톱깎이로 긴 손톱, 발톱을 잘라 함께 세균을 없애봅시다. (p.225~227의 그림을 잘라 활용하세요.)

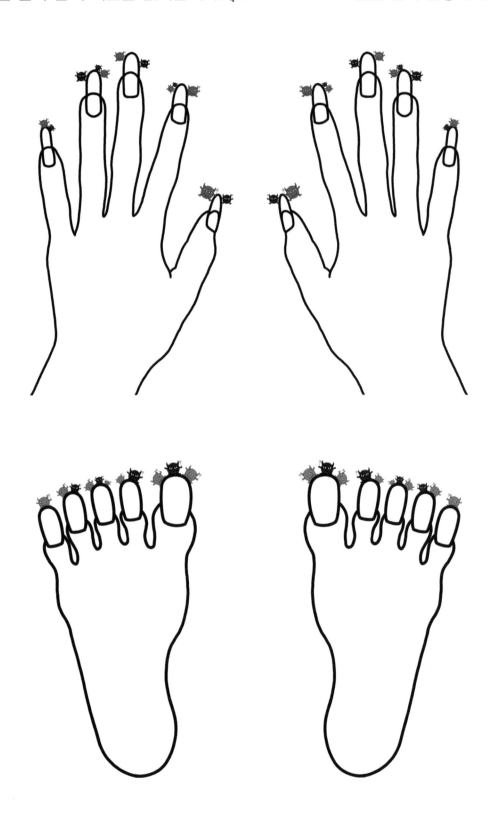

🏠 나의 손, 발을 대고 따라 그린 후, p.245에 있는 스티커를 잘라 붙인 후 손톱/발톱을 예쁘고 깔끔하게 꾸며봅시다.

나의 손을 그려보아요.

1 나의 손은 어떤 모습인가요?

2 나의 손을 보고 어떤 생각이 드나요?

3 만약, 손톱이 깨끗하고 짧다면 꾸미기 활동을 하고, 손톱이 더럽고 길다면 정리한 후 꾸미기 활동을 해 보세요.

4 꾸며진 나의 손톱을 보고 어떤 생각이 드나요?

나의 발을 그려보아요.

1 나의 발은 어떤 모습인가요?

2 나의 발을 보고 어떤 생각이 드나요?

3 만약, 발톱이 깨끗하고 짧다면 꾸미기 활동을 하고, 발톱이 더럽고 길다면 정리한 후 꾸미기 활동을 해 보세요.

4 꾸며진 나의 발톱을 보고 어떤 생각이 드나요?

내 몸 청결하게 관리하기

다음 이야기를 보고 어떤 상황인지 생각하며 이야기 나누어 봅시다.

우리 반, 두섭이는요!

- 삐죽삐죽 솟은 까치머리에 하얀 비듬이 가득해요.

- 입 주변에는 음식 국물이 묻어있어요.

- 긴 손톱에 까만 때가 끼어 있어요.

- 앞니 사이에는 늘 고춧가루 같은 것이 끼어 있어요.

- 옷은 흙과 먼지로 얼룩덜룩해져 있어요.

- 두섭이의 몸에서는 좋지 않은 냄새가 나요.

생각 넓히기

1 두섭이는 어떤 친구인가요?

2 두섭이의 주변 사람들의 얼굴 표정을 상상하며 어떤 생각과 감정이 들지 이야기해 봅시다.

3 두섭이의 모습이 청결해지기 위해서는 어떻게 해야 할까요?

4 우리가 청결한 모습을 유지해야 하는 이유는 무엇일까요?

5 청결한 모습을 유지하기 위해 신경 써야 하는 부분들을 말해 봅시다.

（예: 손톱 정리 깨끗하게 하기, 옷 깨끗하고 단정하게 입기 등）

매일매일 청결 습관을 확인하며, 내가 지킨 일을 체크해 봅시다.

내가 지킨 일	월	화	수	목	금	토	일
아침에 세수하기							
식사 후 양치하기							
귀가 후 손 씻기							
손톱과 발톱 확인하기							
속옷 갈아입기							
발 닦기							
머리 감기							
목욕하기							

107

🏠 내가 생각하는 청결한 친구와 청결하지 않은 친구를 그리거나 적어 봅시다.

1) 청결한 친구

2) 청결하지 않은 친구

🏠 겉으로 보기에는 깨끗해 보이는 내 손! 자세히 들여다보면 어떨까요? 현미경을 통해 내 손을 살펴보고 씻지 않은 내 손에 얼마나 많은 세균이 있는지 그려보세요.

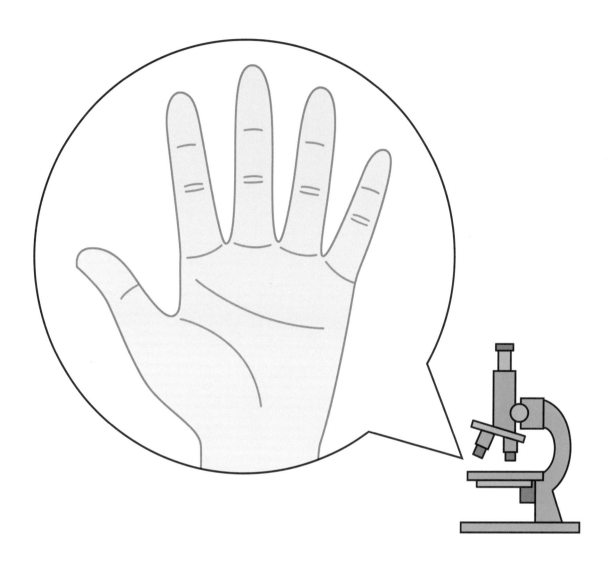

• 손에는 왜 세균이 많을까요?

• 세균이 많은 손을 입으로 빨거나 음식을 집어 먹으면 어떻게 될까요?

• 손에 있는 세균을 어떻게 하면 줄일 수 있을까요?

• 지금 내 손은 어떤지 살펴봅시다.

다음 활동을 통해 손 씻기의 올바른 순서를 알아 봅시다. 아래의 표를 완성한 후, 직접 올바른 순서에 맞게 손을 씻어 봅시다. (P.247의 그림을 오려 붙여주세요.)

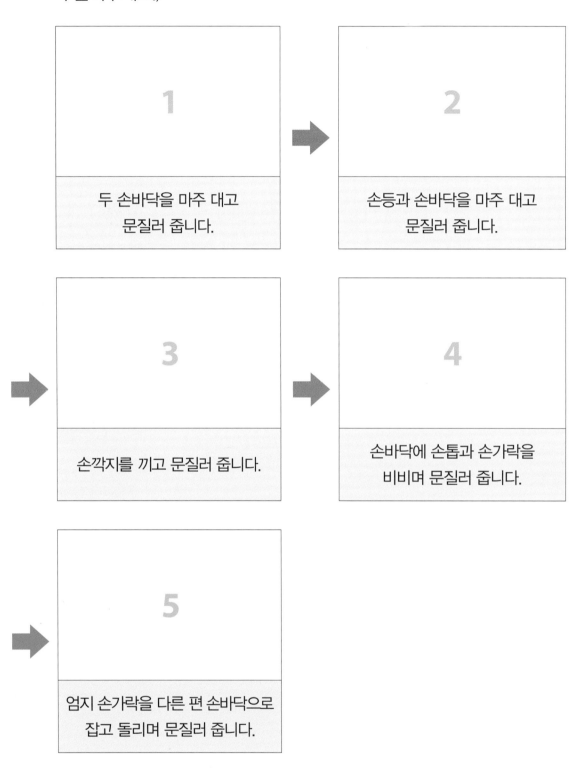

1
두 손바닥을 마주 대고
문질러 줍니다.

2
손등과 손바닥을 마주 대고
문질러 줍니다.

3
손깍지를 끼고 문질러 줍니다.

4
손바닥에 손톱과 손가락을
비비며 문질러 줍니다.

5
엄지 손가락을 다른 편 손바닥으로
잡고 돌리며 문질러 줍니다.

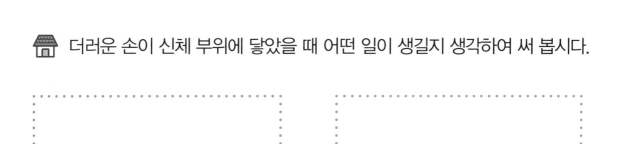

더러운 손이 신체 부위에 닿았을 때 어떤 일이 생길지 생각하여 써 봅시다.

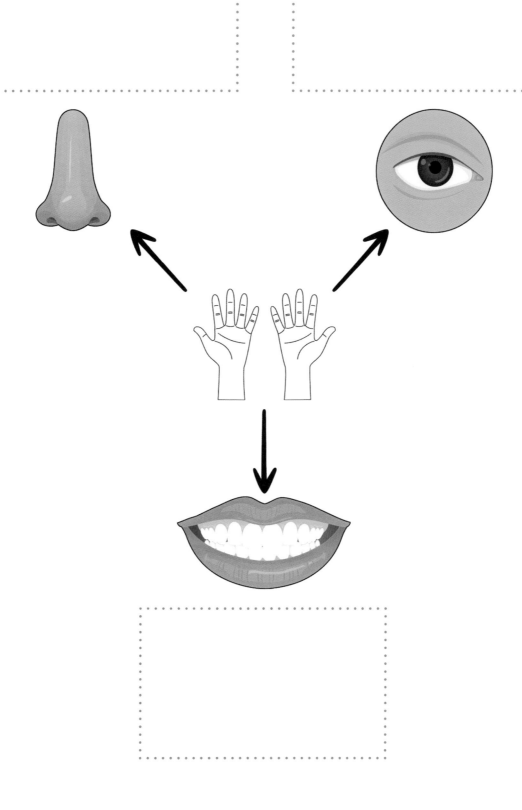

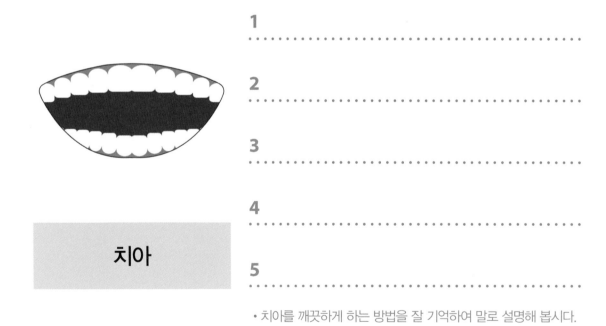

🏠 다음 제시된 '순서대로 설명하기' 활동을 해 봅시다.

1) 머리카락을 깨끗하게 하려면 어떻게 해야 할까요? 순서대로 적어 보세요.

머리카락

1 . . . .

2 . . . .

3 . . . .

4 . . . .

5 . . . .

• 머리를 깨끗하게 하는 방법을 잘 기억하여 말로 설명해 봅시다.

2) 치아를 깨끗하게 하려면 어떻게 해야 할까요? 순서대로 적어 보세요.

치아

1 . . . .

2 . . . .

3 . . . .

4 . . . .

5 . . . .

• 치아를 깨끗하게 하는 방법을 잘 기억하여 말로 설명해 봅시다.

3) 손을 깨끗하게 하려면 어떻게 해야 할까요? 순서대로 적어 보세요.

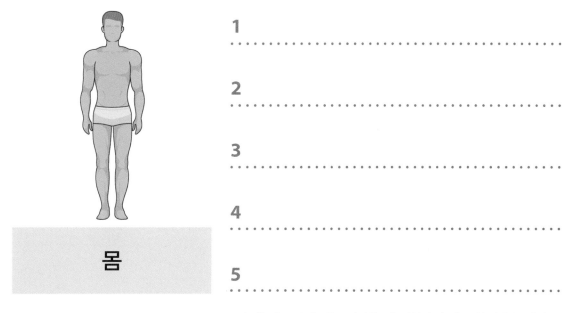

손

1
. . . .

2
. . . .

3
. . . .

4
. . . .

5
. . . .

• 손을 깨끗하게 하는 방법을 잘 기억하여 말로 설명해 봅시다.

4) 몸을 깨끗하게 하려면 어떻게 해야 할까요? 순서대로 적어 보세요.

몸

1
. . . .

2
. . . .

3
. . . .

4
. . . .

5
. . . .

• 몸을 깨끗하게 하는 방법을 잘 기억하여 말로 설명해 봅시다.

5) 발을 깨끗하게 하려면 어떻게 해야 할까요? 순서대로 적어 보세요.

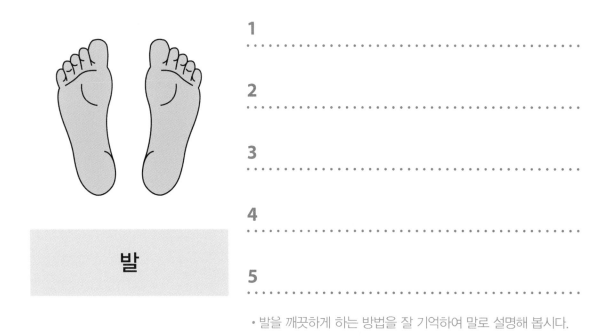

발

1 ....
2 ....
3 ....
4 ....
5 ....

• 발을 깨끗하게 하는 방법을 잘 기억하여 말로 설명해 봅시다.

6) 코를 깨끗하게 하려면 어떻게 해야 할까요? 순서대로 적어 보세요.

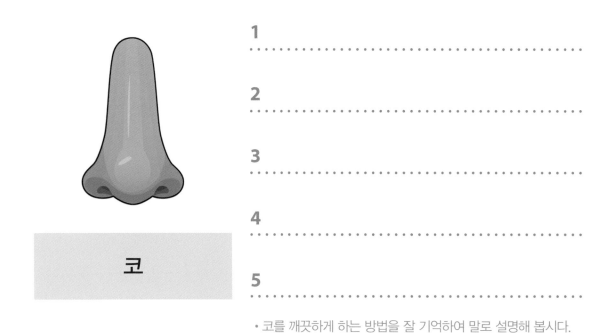

코

1 ....
2 ....
3 ....
4 ....
5 ....

• 코를 깨끗하게 하는 방법을 잘 기억하여 말로 설명해 봅시다.

매일 양치하기

👤 다음 이야기를 보고 어떤 상황인지 생각하며 이야기 나누어 봅시다.

저의 별명은 '누렁이'입니다. 저의 치아가 누래서 친구들이 '누렁이'라고 부른대요. 제가 가까이 가서 이야기를 할 때면 친구들은 얼굴을 찌푸리며 "입에서 냄새 나!"라고 말합니다. 가끔은 속상하지만 양치를 하는 건 너무 너무 귀찮고 싫어요. 어제는 왼쪽 어금니가 아파서 엄마와 함께 치과에 갔습니다. 의사 선생님은 저의 이를 보고는 "다 썩었네! 너 양치질 안 했구나!"라며 핀잔을 주셨어요.

생각 넓히기

1 아이의 별명이 '누렁이'인 이유는 무엇인가요?

2 아이가 말할 때 친구들이 얼굴을 찌푸린 이유는 무엇인가요?

3 아이가 치과를 가게 된 이유가 무엇인가요?

4 양치는 언제 해야 할까요?

5 양치를 계속 제대로 하지 않는다면 어떻게 될까요?

6 양치질하는 방법을 순서대로 말하고, 구석구석 깨끗하게 양치하는 방법에 대해 말해 봅시다.

🏠 양치질을 잘 하지 않은 상태로 다른 사람과 만나 이야기한다면, 상대방은
   어떤 생각을 할까요?

✏️ 사람들의 생각을 읽어 보고 알맞은 것을 골라 위의 빈 칸에 쓰세요.

1	너무 불쾌해!	5	으악, 더러워.
2	행복한 하루야.	6	가까이 가지 말아야겠어.
3	하, 정말 짜증나.	7	으… 냄새나!!
4	뭐라고 하는거지?	8	하… 정말 미안하네.

생각

생각

생각

생각

생각

✏️ 사람들의 생각을 읽어 보고 알맞은 것을 골라 위의 빈 칸에 쓰세요.

1 정말 비위생적인 사람이구나.

2 이가 너무 누렇잖아!

3 진짜 예쁘게 생겼다.

4 앞으로 친하게 지내고 싶어.

5 전화번호를 물어봐야지!

6 가까이 가지 말아야겠어.

7 진짜 싫어.

8 재미있는 아이네!

🏠 올바른 양치질 순서에 대해 알아 봅시다. 아래 제시된 방법을 순서대로 따라하며 알맞은 색깔의 색연필로 해당 부위를 칫솔질하듯이 움직여보세요.

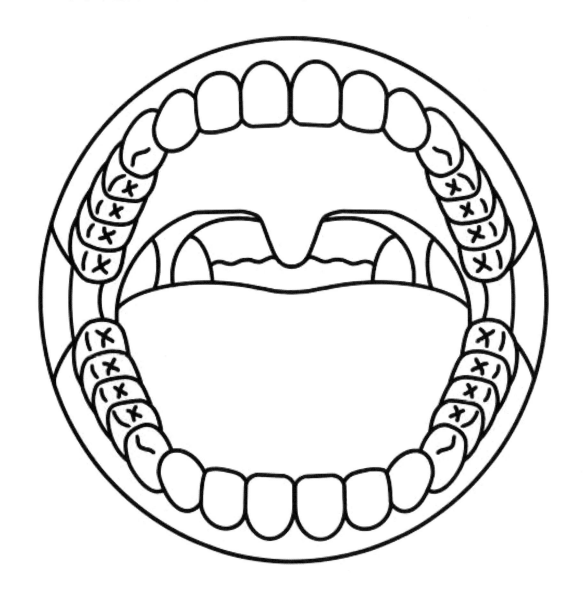

빨강 윗니를 잇몸부터 쓸어주듯이 닦은 후, 칫솔을 둥글게 돌리며 앞니를 닦아요.

노랑 아랫니를 잇몸부터 쓸어주듯이 닦은 후, 칫솔을 둥글게 돌리며 아랫니를 닦아요.

초록 윗니와 아랫니 안쪽을 깨끗하게 닦아요.

분홍 윗어금니를 색칠하듯이 꼼꼼하게 닦아요.

파랑 아랫어금니를 색칠하듯이 꼼꼼하게 닦아요.

보라 혓바닥을 칫솔모로 쓸어내리며 깨끗하게 닦아요.

주황 입천장을 칫솔모로 쓸어가며 깨끗하게 닦아요.

🏠 양치질을 했을 때와 하지 않았을 때의 나의 기분과 느낌, 장점과 단점에 대해 써보세요.

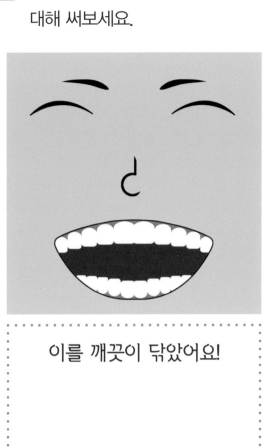

이를 깨끗이 닦았어요!

이를 닦지 않았어요.

3

사람과 함께
살아가기

너도 한번 먹어 볼래?

👩 다음 이야기를 보고 어떤 상황인지 생각하며 이야기 나누어 봅시다.

정민이네 집에 수지가 놀러 오기로 했습니다. 엄마는 간식을 준비하며 정민이에게 말했습니다.

"간식 먹을 때 친구에게 먹을 건지 물어 보고 같이 먹으렴."

수지가 정민이네 집에 도착했어요. 한참을 놀다가 배가 고파진 정민이는 부엌으로 가서 엄마가 준비해 준 간식을 수지에게 묻지 않고 혼자 먹었어요. 수지는 없어진 정민이를 찾으러 다니다가 혼자 간식을 먹고 있는 정민이를 보게 되었어요.

생각 넓히기

1 무슨 일이 일어났는지 이야기해 봅시다.

2 엄마는 정민이에게 무슨 말씀을 하셨나요?

3 혼자 간식을 먹는 모습을 본 수지는 어떤 생각과 감정이 들었을까요?

4 위의 상황에서 정민이는 어떻게 했어야 할까요?

5 다음과 같은 여러 가지 상황에서 나는 어떻게 할지 생각해 봅시다.

　– 내 옆에 친구가 많이 있을 때 나는 얼마 남지 않은 젤리를 꺼냈어요.
　　친구들이 자기도 달라고 소리를 질러요. 나는 어떻게 할까요?

　– 내 옆에 친구가 꿀떡을 맛있게 먹고 있어요. 나는 떡을 싫어해요.
　　그런데 친구가 자꾸 먹어 보라며 입에 넣으려고 해요. 나는 어떻게 할까요?

　– 피아노 학원에 갔더니 다들 캐러멜을 나눠 먹고 있어요.
　　그런데 나한테는 눈길도 주지 않아요. 나는 어떻게 할까요?

다음 문제를 읽고 알맞은 답을 생각하여 써 봅시다.

음식은 어떤 상황에서 나누어 먹을까?	음식을 나누어 먹으면 왜 좋을까?

배고픈 친구들에게 피자를 나누어 주려고 합니다. 음식을 권유할 때 어떤 말을 해야 하는지 생각하여 각 피자 조각마다 써 봅시다. p.249에 있는 피자 도안을 꾸민 후, 잘라 붙이며 생각한 표현을 연습해 봅시다.

피자를 나누어 주세요.

피자를 나누어 주세요.

피자를 나누어 주세요.

TIP

먹고 싶은 음식을 권유 받았을 때에는 뭐라고 대답할 수 있을까요? (고마움 표현하기)
만약, 함께 먹고 싶은데 친구가 물어 보지 않는다면 어떻게 행동할 수 있을까요? (먼저 다가가기)

🏠 **색종이**를 준비하세요. 색종이를 동그랗고 작게 뭉쳐 색색깔 사탕을 만든 후 붙이고, 다음 질문에 대해 어떻게 행동할 것인지 말해 봅시다.

만약, 너에게는 많은 사탕이 있고,
주변에 친구들이 있다면 어떻게 행동할거니?
색종이 사탕을 하나씩 떼어 주변 사람들에게 나누어주며 연습해 보자!

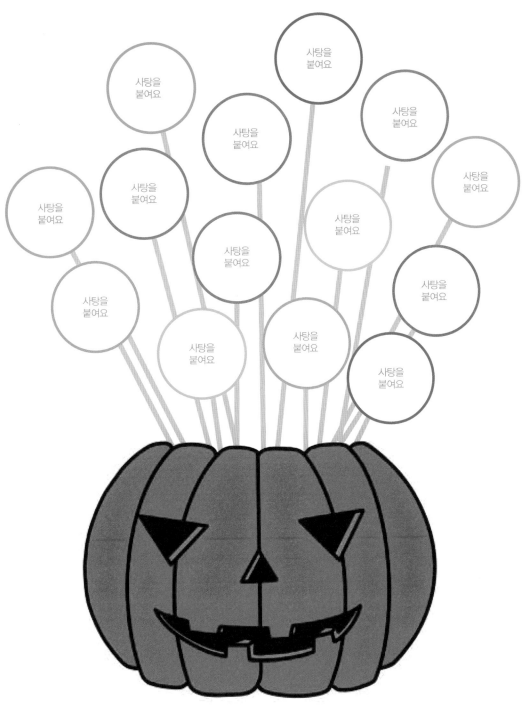

💡 TIP 준비한 색종이에 '음식을 권유할 때 할 수 있는 표현'들을 먼저 써보세요.

음식을 나누어 먹고 싶은 사람을 그려보아요. 음식을 나눠 주며 어떤 말을 할 수 있는지도 말해 봅시다. (p.251 음식 그림을 활용하면 더욱 좋아요!)

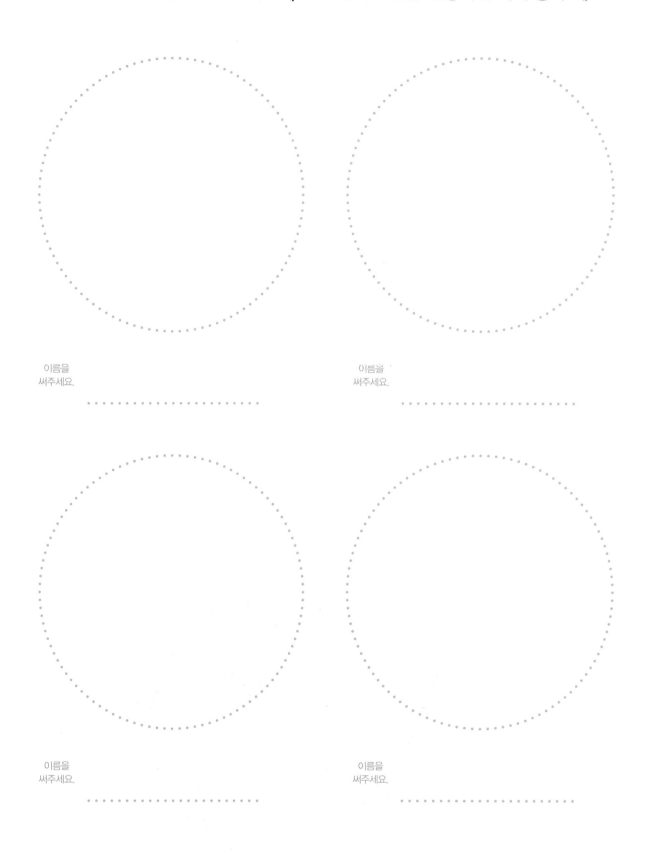

이름을
써주세요.

이름을
써주세요.

이름을
써주세요.

이름을
써주세요.

🏠 다음 상황에서 어떻게 말하고 행동할지 생각하며 문제를 풀어 봅시다.

친구가 가지고 있는 음식을 먹고 싶어요.

어떻게 해야 할까요?

뭐라고 말하면 좋을까요?

어떤 몸짓과 표정을 지어야 할까요?

💡 실제 상황처럼 말하고 행동하며 연습해 봅시다.

얼마 남지 않은 과자를 친구가 달라고 계속 졸라요.

어떻게 해야 할까요?

뭐라고 말하면 좋을까요? : 과자를 주는 상황과 주기 싫은 상황

어떤 몸짓과 표정을 지어야 할까요?

 실제 상황처럼 말하고 행동하며 연습해 봅시다.

먹기 싫은 음식을 친구가 계속 먹어 보라고 권유해요.
어떻게 해야 할까요?

뭐라고 말하면 좋을까요?

어떤 몸짓과 표정을 지어야 할까요?

💡 실제 상황처럼 말하고 행동하며 연습해 봅시다.

친구들끼리 모여 서로 음식을 나눠 먹고 있는데,

나에게는 먹어 보라고 하지 않아요.

어떻게 해야 할까요?

어떻게 행동하면 좋을까요?

상황에 적절한 몸짓과 표정, 말을 적어 봅시다.

💡 실제 상황처럼 말하고 행동하며 연습해 봅시다.

주머니에 작은 초콜릿 하나가 있는데,

3명의 친구들과 함께 놀게 되었어요.

어떻게 해야 할까요?

어떻게 행동하면 좋을까요?

상황에 적절한 몸짓과 표정, 말을 적어 봅시다.

 실제 상황처럼 말하고 행동하며 연습해 봅시다.

나쁜 말 하지 않기

👤 다음 이야기를 보고 어떤 상황인지 생각하며 이야기 나누어 봅시다.

하온이는 급식실로 밥을 먹으러 가다가 우연히 소희와 도하, 윤우가 책상에 모여 앉아 대화하는 소리를 들었어요.

- 소희 : 아이 X! XX 배고파서 짜증나.

- 도하 : 야! 너 바보 돼지냐? 계속 그렇게 먹으면 굴러다녀야 해.

- 윤우 : 으휴, CX.

생각 넓히기

1 무슨 일이 일어났는지 이야기해 봅시다.

2 소희와 도하, 윤우의 대화를 들은 하온이의 얼굴 표정을 상상하며, 어떤 생각과 기분이 들었을 지 이야기해 봅시다.

3 왜 나쁜 말을 사용하면 안 될까요?

4 만약, 내가 나쁜 말이나 욕을 많이 사용하면 주변에서 나를 어떤 사람으로 생각할까요?

5 주변에서 사용하는 나쁜 말은 무엇이 있는지 생각해 보고 바른 말로 고쳐봅시다.

6 다른 사람이 나에게 나쁜 말을 한다면 뭐라고 말할 수 있을까요?

🏠 나쁜 표현들을 좋은 표현으로 바꾸어 써 봅시다.

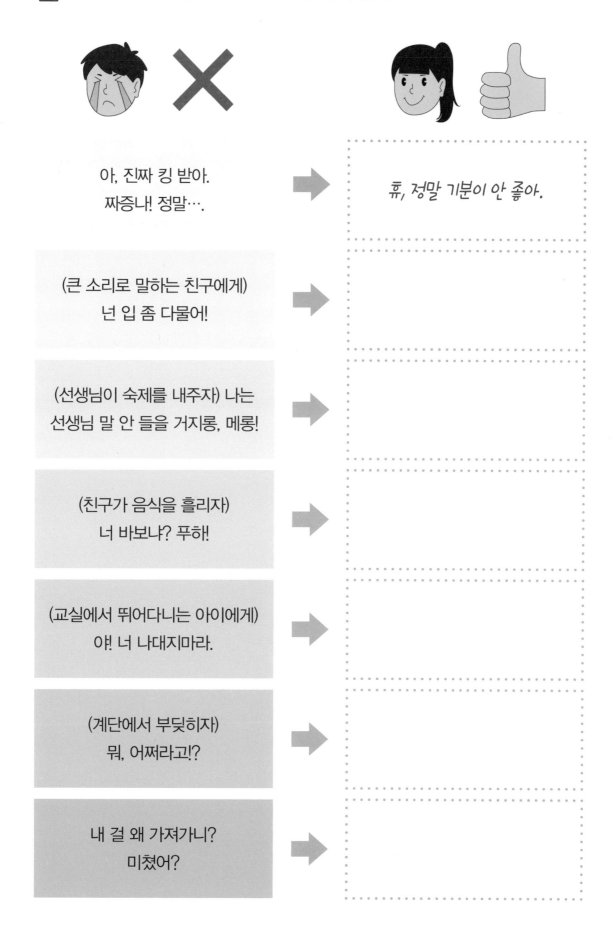

아, 진짜 킹 받아.
짜증나! 정말….
➡ 휴, 정말 기분이 안 좋아.

(큰 소리로 말하는 친구에게)
넌 입 좀 다물어!
➡

(선생님이 숙제를 내주자) 나는
선생님 말 안 들을 거지롱, 메롱!
➡

(친구가 음식을 흘리자)
너 바보냐? 푸하!
➡

(교실에서 뛰어다니는 아이에게)
야! 너 나대지마라.
➡

(계단에서 부딪히자)
뭐, 어쩌라고!?
➡

내 걸 왜 가져가니?
미쳤어?
➡

너 같은 게 뭘 하겠어! 너는 할 수 있어!

(친구가 상장을 받자)
아, 재수 없어!

(숙제를 어려워하는 친구에게)
멍청이냐? 그것도 못하게!

돼지냐? 그만 먹어!

(친구가 질문을 하자)
나한테 말 걸지 마!

너는 정말 못생겼어!

으악, 냄새 나!
거지같아 보이잖아!

🏠 내가 만든 가면(p.229)을 쓰고 나쁜 말을 해 봅시다. 나쁜 말을 할 때 어떤 생각과 느낌이 드는지 알아 보고 올바른 표현으로 바꿔 말해 보아요.

1 "돼지같이 생긴 게!"

➡ ....

2 "야! 너는 그것 밖에 못하니?"

➡ ....

3 "너 진짜 멍청이구나?"

➡ ....

4 "정말 못생겼어. 괴물 같아!"

➡ ....

5 "넌 이런 물건 없지? 나는 2개 있는데~"

➡ ....

💡 TIP

어른이 꼭 얼굴 가면을 쓰고 아이에게 나쁜 말을 그대로 읽어주세요. 그리고 아이가 느낀 감정이나 생각에 대해 물어 보는 것도 좋답니다!

135

🏠 나쁜 말을 하는 사람들에게 빨간색 크레파스로 'X' 표시를 한 후, 나쁜 말을 들으면 상대방이 어떤 생각이나 감정이 드는지 써 봅시다.

[보 기]

아, 킹 받네!
짜증 터진다!

> 어떤 생각이나 느낌이 드나요?
>
> *그런 말을 들은*
> *다른 사람은*
> *정말 불쾌해요!!*

야! 너는
그것 밖에 못하니?
정말 또라이 같아!

> 어떤 생각이나 느낌이 드나요?

아~ 뚱띠….
역시 잼민이는
노답이네!

> 어떤 생각이나 느낌이 드나요?

와, 너 진짜
멍청하다!
저리 꺼져~

어떤 생각이나 느낌이 드나요?

메롱,
너랑 안 놀아!
얼레리꼴레리

어떤 생각이나 느낌이 드나요?

쟤는 냄새나!
쟤랑 놀지 말자!
거지래요~

어떤 생각이나 느낌이 드나요?

137

🏠 '나쁜 말을 들었을 때 대처 방법'에 대한 아이들의 생각이 있습니다. 아이들의 생각을 읽고 O, X를 표시해 보세요.

	O	X
민지 나도 친구에게 똑같이 나쁜 말을 해요.		
아윤 나쁜 말을 듣자마자 무시하고 그 자리를 떠나요.		
성호 친구에게 기분이 나쁘다고 이야기를 해요.		
정우 그 자리에 주저앉아 울어요.		

말할 때를 구분해요

👧 다음 이야기를 보고 어떤 상황인지 생각하며 이야기 나누어 봅시다.

학교에서 첫 시험을 치는 날이에요. 명수네 반 아이들은 선생님이 나누어준 시험지를 받아 조용히 문제를 풀었어요. 시험을 치던 중 갑자기 명수는 뒤에 앉은 친구에게 "아, 배고프다. 너 어제 엄마가 불고기 해줬어?"라고 물었어요. 선생님은 명수에게 다가와 말했어요. **"시험을 치는 중에는 이야기를 하면 안 된단다."**

시험이 끝나갈 무렵, 명수는 다시 선생님에게 말했어요. "선생님, 너무 심심해요~. 재미있는 이야기 들려주세요."

생각 넓히기

1 무슨 일이 일어났는지 이야기해 봅시다.

2 명수의 행동 중 잘못된 것은 무엇인가요?

3 시험을 치는 도중에는 왜 이야기를 하면 안 될까요?

4 명수가 갑자기 이야기를 했을 때, 반 친구 또는 선생님 표정을 그리고 어떤 생각과 감정이 들었을지 말해 봅시다.

5 이야기를 하면 안 되는 상황을 생각하여 말해 봅시다.

139

🏠 다음 글자카드를 보고 알맞은 것끼리 연결해 보세요. 연결된 단어카드를 아래에 적어 '이야기를 하면 안되는 때'에 대해 말해 봅시다.

수업	•	•	발표할 때
영화나 공	•	•	관이나 독서실
도서	•	•	든 한밤 중
모두 잠	•	•	시간에
시험	•	•	칠 때
다른 사람이	•	•	연 관람 시

✏️ 알맞게 연결한 단어 카드를 아래에 적어 보아요.

· ·

· ·

· ·

입 안에 음식 •	• 말하는 도중에
다른 사람이 •	• 있는 사람에게
듣기 평 •	• 해달라고 하면
장례식 •	• 가 할 때
아파서 쉬고 •	• 이 가득할 때
상대방이 조용히 •	• 장에서 절할 때

✏️ 알맞게 연결한 단어 카드를 아래에 적어 보아요.

....

....

....

🏠 말을 하면 안 되는 상황과 속닥속닥 말할 수 있는 상황을 생각하며 써 봅시다.

말을 하면 안돼요!

속닥속닥,
필요할 때만 말해요!

🏠 다음 활동에서 제시된 상황이 말을 해도 되는지에 대해 생각하며 얼굴 표시를 체크해 봅시다. 알맞은 얼굴 표시에는 O 표시를, 틀린 얼굴 표시에는 × 표시를 해주세요.

얼굴 표시 의미

말해도 괜찮아요!   조용히 해야 해요!

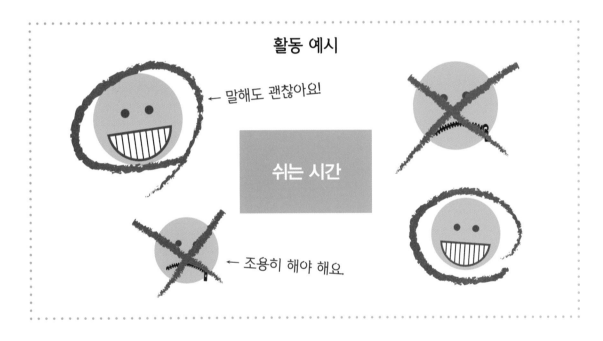

활동 예시

← 말해도 괜찮아요!

쉬는 시간

← 조용히 해야 해요

✏️ 상황 살펴보기

도서관이나 독서실에서	상대방이 질문을 했을 때	다른 사람이 이야기 하고 있을 때
발표하는 시간에	시험치고 있을 때	카페에서
쉬는 시간에	태권도장에서	하교하면서
텔레비전을 시청할 때	아파서 쉬고 있는 사람에게	다른 사람이 발표할 때
입안에 음식이 가득할 때	그림을 그릴 때	듣기 평가할 때
문구점에서	미용실에서	모두가 잠든 한밤 중
장례식장에서	전화할 때	수업 시간에
토론 시간에	영화나 공연 관람 시	학교 급식 시간

1) 도서관이나 독서실에서는 어떻게 해야 할까요!?

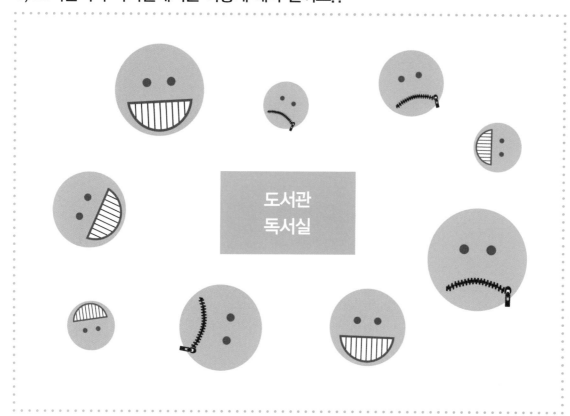

2) 카페에서는 어떻게 해야 할까요!?

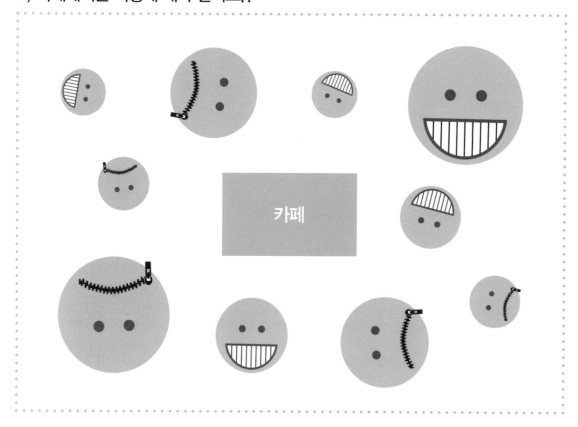

144

3) 학교에서 듣기 평가를 할 때에는 어떻게 해야 할까요!?

4) 입 안에 음식이 가득할 때에는 어떻게 해야 할까요!?

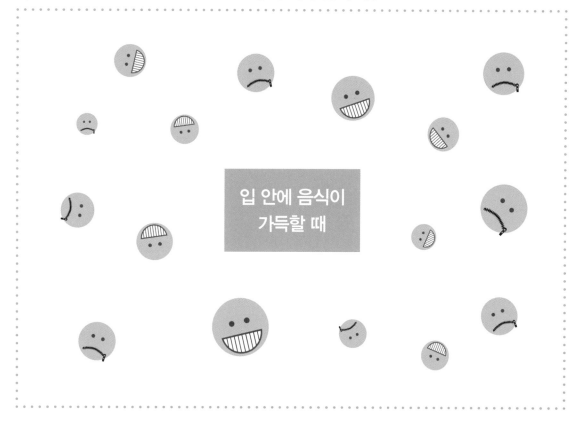

5) 상황을 선택하여 빈 칸에 써 봅시다. (p.143을 참고하세요.)

상황을 써보아요.

6) 상황을 선택하여 빈 칸에 써 봅시다. (p.143을 참고하세요.)

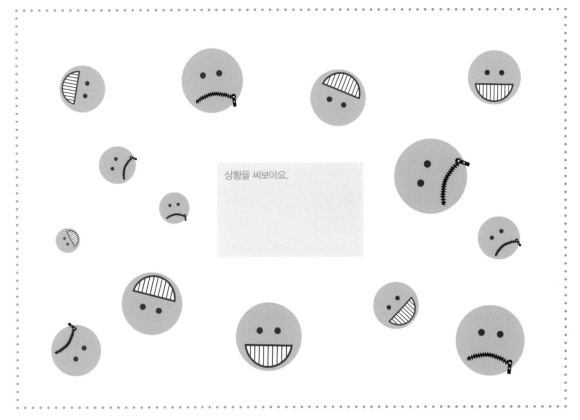

상황을 써보아요.

다음 상황에서는 어떤 표현이 알맞을까요? 만약, 나라면 무슨 말을 할지 말풍선에 적어 봅시다.

도서관에서
공부하는데 옆에 앉은 친구들이
시끄럽게 떠들어요.

"하, 정말 시끄럽네.
좀 조용히 해!
너희 때문에
공부할 수가 없잖아!"

"얘들아, 미안하지만
다들 공부하는 중이니까
조금만 조용히 해줄래?"

만약, 나라면 무슨 말을 할까요?

"시간이 많이 늦었네.
지금 다들 자는데
조용히 해줄래?"

"야, 시끄러워. 조용히 해.
정말 짜증난다, 짜증나."

학교 캠프를 왔어요.
늦은 밤, 다 같이 모여 숙소에서 자는데
친구가 시끄럽게 떠들어요.

✏ 만약, 나라면 무슨 말을 할까요?

점심시간. 옆에 앉은
친구가 입 안 음식을 나에게 다 튀기며
큰소리로 이야기해요.

"OO아, 음식이 자꾸 튀어서
그러는데, 혹시 괜찮다면
입 안 음식은 다 삼키고
얘기해줄래?"

"으악, 더러워!
으… 야, 저리 가.
네가 무슨 돼지야?
왜 그렇게 더럽게 먹어!?."

✏️ 만약, 나라면 무슨 말을 할까요?

예의 바르게 행동하기

먼저 먹으면
안 돼!

오늘은 처음으로 수진이가 민채네 집에 놀러가는 날이에요. 민채네 부모님은 반갑게 인사를 건네셨어요. "어서 와, 반가워. 네가 수진이구나!" 수진이는 민채네 부모님을 힐끗 보고는 아무 말 없이 민채를 따라 방으로 쏙 들어가버렸어요. 잠시 후, 민채 어머니는 밥을 먹으라며 민채와 수진이를 불렀어요. 식탁에 앉은 수진이는 먼저 밥을 먹기 시작했고, 민채는 수진이에게 말했어요. "어른들이 와서 식탁에 앉아 먼저 드시면 그 다음에 우리가 먹어야 하는 거야." 수진이는 반찬만 뒤적거렸어요.

생각 넓히기

1 무슨 일이 일어났는지 이야기해 봅시다.

2 수진이가 한 행동 중 예의가 없었던 행동은 무엇인가요?

3 수진이가 한 행동이 왜 잘못되었을까요?

4 수진이의 행동을 본 민채 부모님은 어떤 생각과 감정이 들었을까요?

5 내가 수진이라면 어떻게 행동했을지 생각하여 말해 봅시다.

6 우리가 일상 속에서 지켜야 할 예절에 대해 생각나는 대로 이야기해 봅시다.

🏠 예의 바른 행동과 예의 바르지 않은 행동에 대해 생각하여 써 봅시다.

· <u>예의 바른 행동</u>이란 어떤 행동일까요?

1
....

2
....

3
....

4
....

5
....

· <u>예의 바르지 않은 행동</u>이란 어떤 행동일까요?

1
....

2
....

3
....

4
....

5
....

🏠 아래의 글을 읽고 문제를 풀어 봅시다.

· 싫어하는 행동이나 말은 하지 않는다.

· 싫어하는 별명으로 부르지 않는다.

· 나의 잘못이거나 실수일 때에는 미안하다고 먼저 사과한다.

· 사실이 아닌 내용에 대해 소문을 내지 않는다.

· 욕을 하거나 시비를 걸지 않는다.

· 서로 나눈 비밀 이야기는 끝까지 지켜준다.

✏️ 누구에게 지켜야 하는 예의일까요? 다음 중 골라봅시다.

부모님	선생님	친구	모르는 사람

· 물건을 건넬 때에는 두 손으로 드린다.

· 높임말을 사용한다.

· 전화 통화를 할 때에는 먼저 뚝! 끊지 않는다.

· 인사를 할 때에는 허리를 숙여 바르게 인사한다.

· 함께 있을 때 턱을 괴거나 다리를 떨지 않는다.

· 부르면 "네."라고 대답한다.

✏️ 누구에게 지켜야 하는 예의일까요? 다음 중 골라봅시다.

친구	선생님	사촌	동생

· 함부로 신체를 만지거나 건드리지 않는다.

· 길을 가다 마주치면 부딪히지 않도록 비켜준다.

· 문을 열고 들어갈 때 뒤따라오고 있다면 문을 잡아준다.

· 뚫어지게 쳐다보지 않는다.

· 부딪히거나 불편한 일이 생기면 즉시 사과한다.

· 함께 있는 상황에서 큰소리로 떠들지 않는다.

✏️ 누구에게 지켜야 하는 예의일까요? 다음 중 골라봅시다.

부모님	동생	외할아버지	모르는 사람

· 힘들어하는 상황이면 도와준다.

· 어떤 일이든 먼저 해볼 수 있게 배려한다.

· 욕이나 나쁜 말을 하지 않는다.

· "야!" 보다는 이름으로 불러준다.

· 대화 중 말이 느리거나 틀려도 끝까지 들어준다.

· 함께 걸어갈 때에 걸음 속도를 맞춰준다.

✏️ 누구에게 지켜야 하는 예의일까요? 다음 중 골라봅시다.

어린 동생	학원선생님	아버지	이웃아저씨

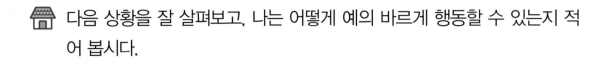 다음 상황을 잘 살펴보고, 나는 어떻게 예의 바르게 행동할 수 있는지 적어 봅시다.

멀리서 우리 반 선생님이 걸어오고 있어.

난 어떻게 행동해야 할까?

예의 바른 나의 행동

모르는 할머니가 계단에서 엄청 무거운 짐을 낑낑거리며 옮기고 계셔.

난 어떻게 행동해야 할까?

예의 바른 나의 행동

우리 집 엘리베이터에서 잘 알지 못하는 이웃을 만났어.

난 어떻게 행동해야 할까?

예의 바른 나의 행동

걸어가다가 친구와 복도에서 쾅 부딪쳤어.

난 어떻게 행동해야 할까?

예의 바른 나의 행동

우리 집에 엄마 친구 분들이 놀러오셨어.

난 어떻게 행동해야 할까?

예의 바른 나의 행동

명절 날, 오랜만에 친척 집에 인사를 드리러 온 가족이 함께 갔어.

난 어떻게 행동해야 할까?

예의 바른 나의 행동

🏠 내가 예의 없게 행동했던 경험을 떠올려 봅시다. 예의 없이 행동했던 일을 반성하며 편지를 써 봅시다.

에게

....

....

....

....

....

....

....

....

....

올림
....

💡 TIP

먼저 예의 없게 행동했던 대상이 누구인지, 어떤 일이 있었는지 이야기를 나누고 활동을 하면 더 쉽답니다.

🏠 앞으로 예의 바른 사람이 되기로 다짐하며 서약서를 써 봅시다. 만약, 예의 바르지 않은 행동을 할 시 어떻게 할지에 대해서도 생각하여 적어 보아요.

나의 다짐

나 .... 은 다른 사람들에게

예의 바르게 행동할 것을

굳게 맹세합니다.

만약, 그렇게 하지 않을 시

.... 년 .... 월 ..... 일

이름: .... (인)

놀리지 말아요

👩 다음 이야기를 보고 어떤 상황인지 생각하며 이야기 나누어 봅시다.

　세경이네 반 아이들은 옹기종기 모여 놀고 있었어요. 함께 놀던 진호의 눈에는 커다란 눈곱이 껴있었어요. 놀고 있던 미주가 이를 보고는 친구들 몰래 조용히 진호에게 눈곱을 떼라고 말해주려던 찰나, 세경이는 진호의 눈을 손가락으로 가리키며 크게 웃었어요. "악! 네 얼굴에 눈곱이 껴 있잖아! 으악~ 더러워! 진호는~ 얼굴도♪ 안 씻고 다닌대요~~♪" 진호는 얼굴을 찌푸리며 자리를 박차고 나갔어요. 세경이는 진호를 따라가며 큰 소리로 계속 놀렸어요.

생각 넓히기

1 무슨 일이 일어났는지 이야기해 봅시다.

2 진호의 눈곱을 보고 미주와 세경이는 각각 어떻게 했나요?

3 미주는 왜 친구들 몰래 조용히 진호에게 말하려고 했을까요?

4 세경이의 행동으로 인해 진호는 어떤 감정과 생각이 들었을까요?

5 세경이의 행동을 바라보는 친구들의 얼굴 표정을 상상하며 어떤 감정과 생각이 들었을지 말해 봅시다.

6 만약, 놀림을 받는 친구가 있다면 나는 어떻게 해야 할까요?

주변에서 계속 놀리면, 놀림을 받는 사람은 어떤 생각과 기분이 들까요? 놀림을 받는 사람이 느낄 감정과 기분, 드는 생각을 유추해 보고 아래의 '뇌 구조'에 하나씩 써 봅시다.

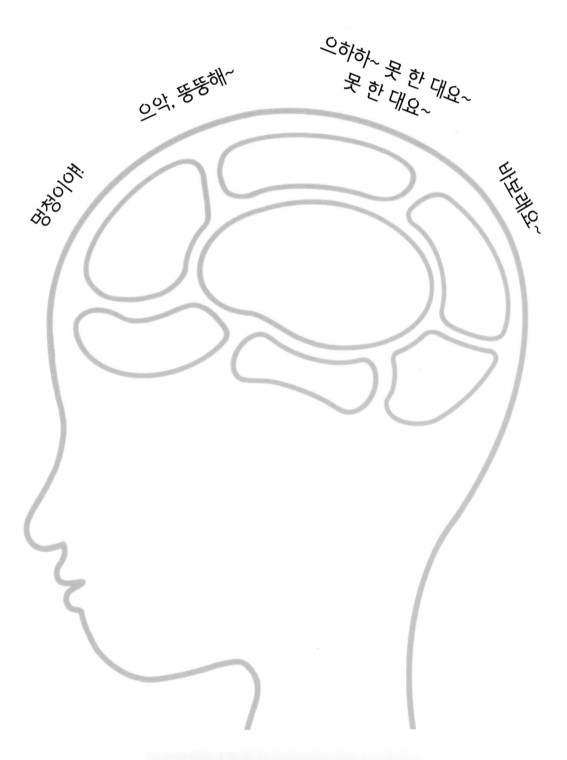

놀림 받는 사람의 뇌 구조

🏠 좋은 친구와 나쁜 친구는 어떤 친구들을 말하는 걸까요? 다음 보드게임 판을 활용하여 게임을 해 보며 좋은 친구와 나쁜 친구는 어떤 것인지 알아 봅시다.

💡 게임 방법

1 사람 수 만큼 움직일 수 있는 말을 준비해주세요.
각자 원하는 말을 선택하세요.

2 시작 지점에 말을 모두 놓아주세요.

3 서로 가위바위보를 한 후, 이기는 사람은 1칸씩 이동합니다.
이동 후에는 자신이 이동한 칸에 있는 글을 읽어주세요.

해당 설명이 좋은 친구에 대한 것인지, 나쁜 친구에 대한 것인지를 구별하여 대답합니다.

올바르게 대답해야만 그 칸으로 이동할 수 있어요. 틀린 대답을 한 친구는 다시 원래 있던 칸으로 되돌아 갑니다.

4 게임 판 한 바퀴를 먼저 돈 사람이 이기는 거랍니다!

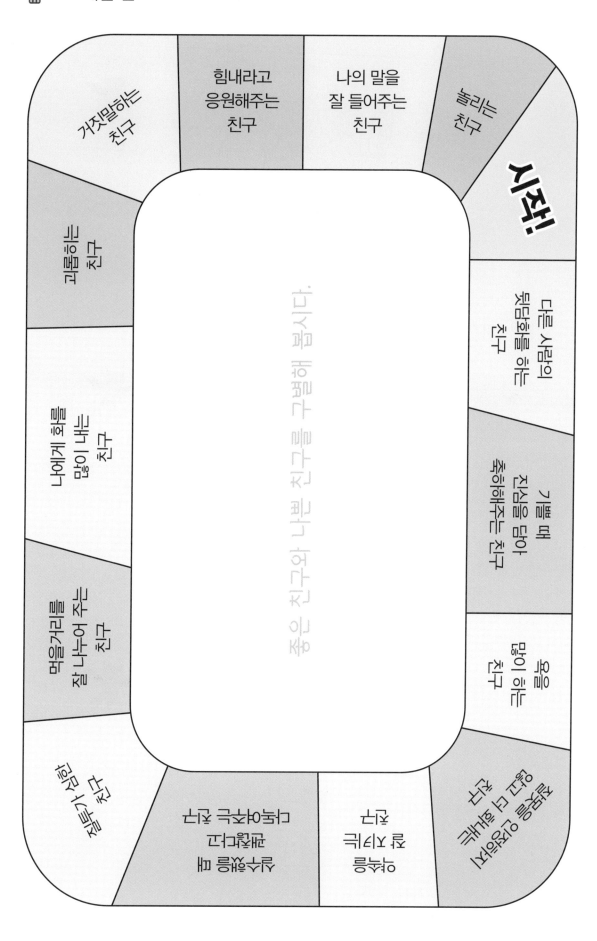

거짓말하는
친구

힘내라고
응원해주는
친구

나의 말을
잘 들어주는
친구

놀리는
친구

시작!

괴롭히는
친구

다른 사람의
뒷담화를 하는
친구

나에게 화를
많이 내는
친구

좋은 친구와 나쁜 친구를 구별해 봅시다.

기쁠 때
진심을 담아
축하해주는 친구

먹을거리를
잘 나누어 주는
친구

욕을
많이 하는
친구

질투가 심한
친구

나를 이해하고
걱정해 주는 친구

나누어주는 친구
깨끗하고 또
심부름을 해 줄 때

약속을
잘 지키는
친구

친구들을 보며 적절한 말카드를 골라 붙여 봅시다. 악마 그림에는 나쁜 말 카드를, 천사 그림에는 착한 말 카드(p.253)를 붙여주세요.

"친구들이 나보고 **뚱뚱하대**."

"친구들이 나보고 **냄새난대**."

"친구들이 나보고 **못생겼대**."

"나는 공부를 못해."

"나는 몸이 많이 불편해."

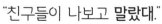

"친구들이 나보고 말랐대."

다른 사람을 배려해요

 다음 이야기를 보고 어떤 상황인지 생각하며 이야기 나누어 봅시다.

서준이는 엄마와 처음으로 지하철을 탔습니다. 지하철에는 사람들이 북적였어요. 신이 난 서준이는 큰 소리로 엄마에게 외쳤어요. "엄마! 지하철 엄청 빨리 가요!!!" 엄마는 서준이에게 당부했어요. "서준아, 많은 사람들에게 피해를 줄 수 있으니 작은 소리로 말해야 한단다."

서준이는 말하는 것을 멈추고는 가방을 벗어 빈 옆자리에 올려두었어요. 엄마는 서준이에게 작은 소리로 말했어요. "사람들이 많을 때에는 다른 사람들이 앉을 수 있게 빈자리에 짐을 올려두어서는 안 된단다."

생각 넓히기

1 무슨 일이 일어났는지 이야기해 봅시다.

2 사람이 많은 곳에서는 왜 엄마가 당부한 것처럼 행동해야 할까요?

3 서준이의 행동을 본 다른 사람들은 어떤 생각과 감정이 들었을까요?

4 '배려'란 무엇일까요?

5 내 주변에서 '배려'가 필요한 상황은 언제일까요?

6 내가 다른 사람을 배려했던 경험이나, 다른 사람이 나를 배려해준 경험을 생각하여 이야기해 봅시다.

'배려 주사위'를 만들어 봅시다. 멋지게 완성한 '배려 주사위'를 던지며 '배려'에 대해 이야기 나누어 보아요. (p.231 도안을 오려 만들어 보세요.)

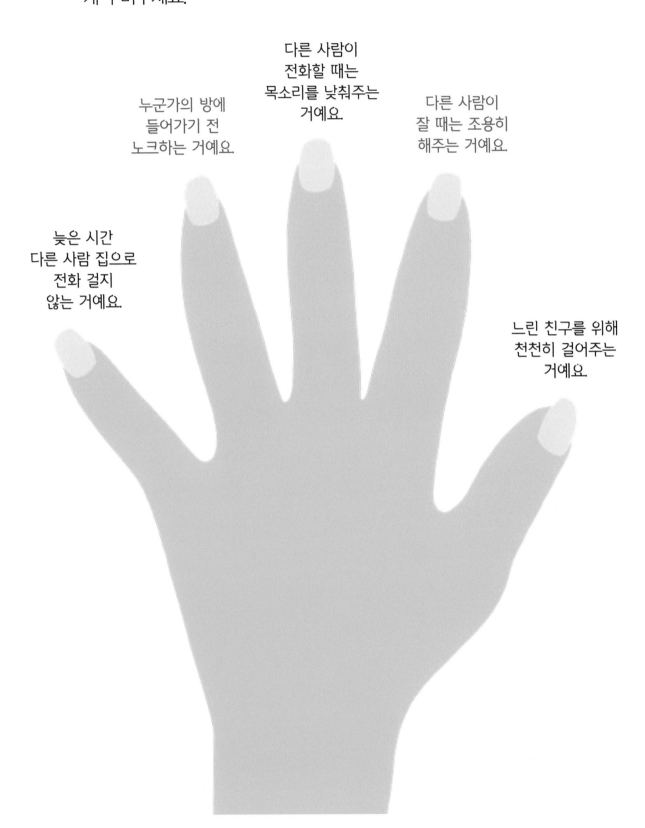

다음 '배려란 무엇일까요?'라는 질문에 대한 답이 적힌 손가락들을 보며, 하나씩 읽어 봅시다. 배려에 대한 글을 하나씩 읽을 때마다 손톱을 예쁘게 꾸며주세요.

다른 사람이
전화할 때는
목소리를 낮춰주는
거예요.

누군가의 방에
들어가기 전
노크하는 거예요.

다른 사람이
잘 때는 조용히
해주는 거예요.

늦은 시간
다른 사람 집으로
전화 걸지
않는 거예요.

느린 친구를 위해
천천히 걸어주는
거예요.

속상해하는
친구를 위해 살며시
등을 두드려주는
거예요.

내가 어지럽힌
자리는 깨끗하게
정리해주는 거예요.

화장실을 사용하고
변기 뚜껑을
내려주는 거예요.

비가 오는 날,
우산을 슬며시
친구 쪽으로
기울여주는 거예요.

문을 열고
들어간 후,
뒷사람을 위해 문을
잡아주는 거예요.

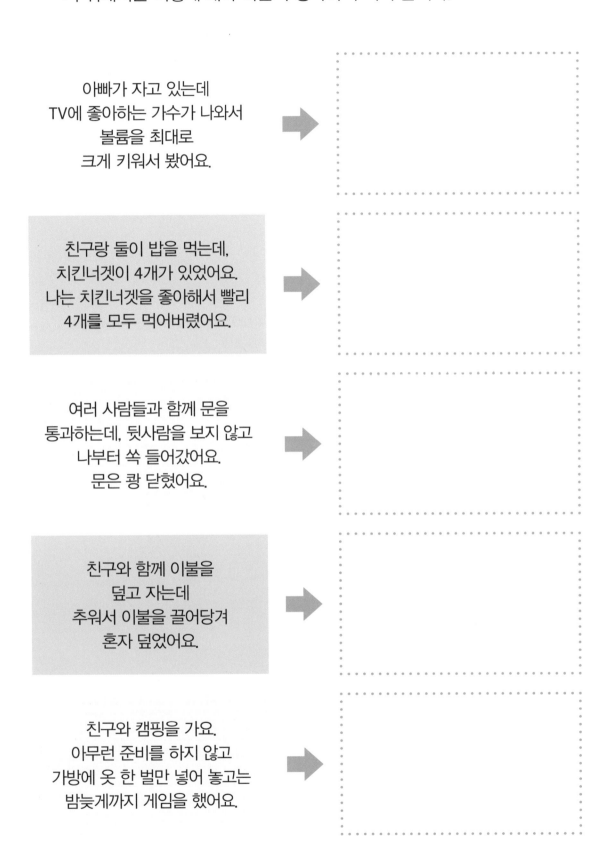

다음 표의 왼쪽에 제시된 상황을 읽어 봅시다. 어떤 부분이 배려가 없었는지 찾아 줄을 그어 보세요. 그리고 각 상황에서 배려심 있는 행동을 하기 위해서는 어떻게 해야 하는지 생각하여 적어 봅시다.

아빠가 자고 있는데
TV에 좋아하는 가수가 나와서
볼륨을 최대로
크게 키워서 봤어요.

친구랑 둘이 밥을 먹는데,
치킨너겟이 4개가 있었어요.
나는 치킨너겟을 좋아해서 빨리
4개를 모두 먹어버렸어요.

여러 사람들과 함께 문을
통과하는데, 뒷사람을 보지 않고
나부터 쏙 들어갔어요.
문은 쾅 닫혔어요.

친구와 함께 이불을
덮고 자는데
추워서 이불을 끌어당겨
혼자 덮었어요.

친구와 캠핑을 가요.
아무런 준비를 하지 않고
가방에 옷 한 벌만 넣어 놓고는
밤늦게까지 게임을 했어요.

사람이 많은 버스를 탔어요.
자리에 앉은 후,
옆의 빈자리에 가방을
올려 두었어요.

식당에서 친구와 밥을
먹는데 내 수저만
챙겨서 먼저 먹었어요.

공중 화장실에서
물을 내리지 않고
그냥 나왔어요.

이웃집 아저씨의 차를 탔는데
차 안에서 부스러기가
많이 떨어지는 과자를
먹었어요.

친구 집에 놀러갔는데
냉장고 문을 마음대로
열고 닫아요.

더운 날, 친구와 땀을
뻘뻘 흘리며 걸어 다녔어요.
친구에게는 물어 보지 않고
혼자 음료수를 사와서 마셨어요.

물건을 잃어버리면?

👧 다음 이야기를 보고 어떤 상황인지 생각하며 이야기 나누어 봅시다.

?!!!!!

　　재우는 학원에서 친구한테 새로 산 게임기를 자랑하려고 꺼냈어요. 현수가 "와~ 이거 텔레비전에서 매일 봤던 거야. 부럽다. 나 좀 가지고 놀아도 돼?"라고 물었어요. 다른 친구들도 "나도!", "나도 나도!" 하고 외치며 모여 들었어요. 재우는 친구들에게 선심 쓰듯이 가지고 놀아 보라고 말했어요.

　　그날 밤, 재우는 게임기를 가지고 놀려고 가방 안을 보았지만 게임기가 없었어요. 아무리 찾아도 게임기는 보이지 않았어요. 울먹이는 재우를 본 엄마는 "물건을 잃어버렸으면 물건을 어디서 꺼냈는지, 누구한테 보여줬는지 생각해 보는 건 어때?"라고 말했어요.

생각 넓히기

1 무슨 일이 일어났는지 이야기해 봅시다.

2 재우의 행동을 본 엄마는 어떤 생각과 감정이 들었을까요?

3 물건을 잃어버렸으면 나는 어떻게 해야 하나요?

4 물건을 자주 잃어버리면 어떤 점이 안 좋을까요?

5 물건을 잃어버려서 난감했던 기억을 떠올려 이야기해 봅시다.

6 물건을 잃어버리지 않고 잘 간수하는 방법에 대해 말해 봅시다.

170

친구가 물건을 잃어버렸어요! 반쪽 그림을 완성하여 친구가 잃어버린 물건이 무엇인지 알아 보고, 질문에 답해 봅시다.

· 무엇을 잃어버렸나요?

· 말풍선 안의 물건이 없다면 어떤 점이 불편할까요?

· 물건을 잃어버리지 않으려면 어떻게 해야 할까요?

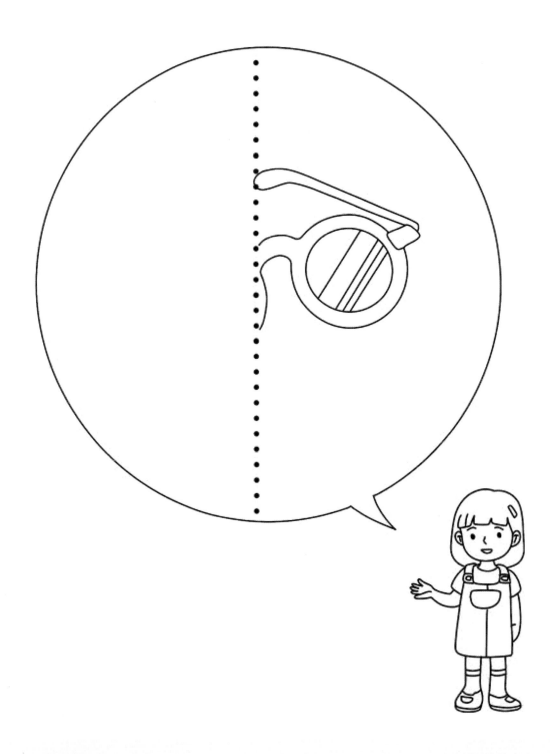

· 무엇을 잃어버렸나요?

· 말풍선 안의 물건이 없다면 어떤 점이 불편할까요?

· 물건을 잃어버리지 않으려면 어떻게 해야 할까요?

· 무엇을 잃어버렸나요?

· 말풍선 안의 물건이 없다면 어떤 점이 불편할까요?

· 물건을 잃어버리지 않으려면 어떻게 해야 할까요?

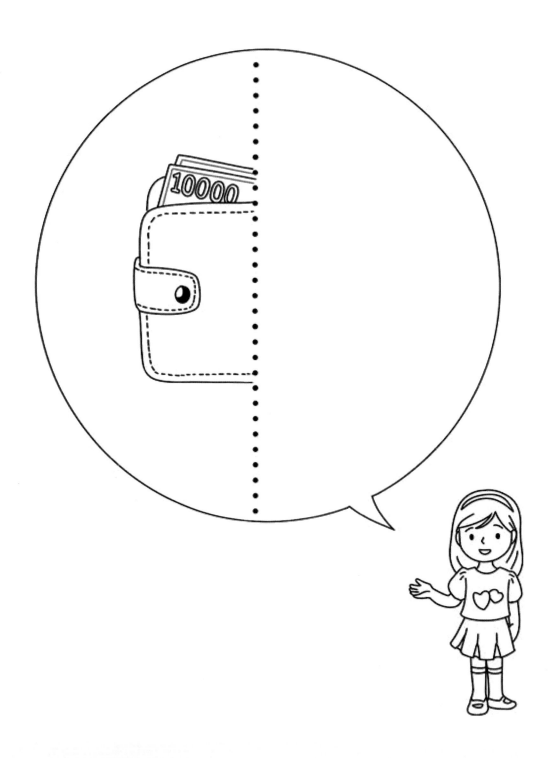

· 무엇을 잃어버렸나요?

· 말풍선 안의 물건이 없다면 어떤 점이 불편할까요?

· 물건을 잃어버리지 않으려면 어떻게 해야 할까요?

🏠 물건에 이름표가 있으면 잃어버리지 않는답니다. 이름표를 멋지게 꾸며 내 물건에 붙여 봅시다. (p.255의 그림을 오려 사용하세요.)

✏️ 이름표가 있으면 어떤 점이 좋을까요? 이름표를 만들며 이야기해 봅시다. (p.257의 그림을 오려 사용하세요.)

아래의 표에서 챙겨야 하는 물건을 확인한 후, 어떤 것을 가방에 더 넣어야 하는지 화살표로 그어 표시해 봅시다. '가방에 챙겨야 하는 물건' 목록을 보며 가방에 들어간 물건을 하나씩 체크해 보세요.

예 시

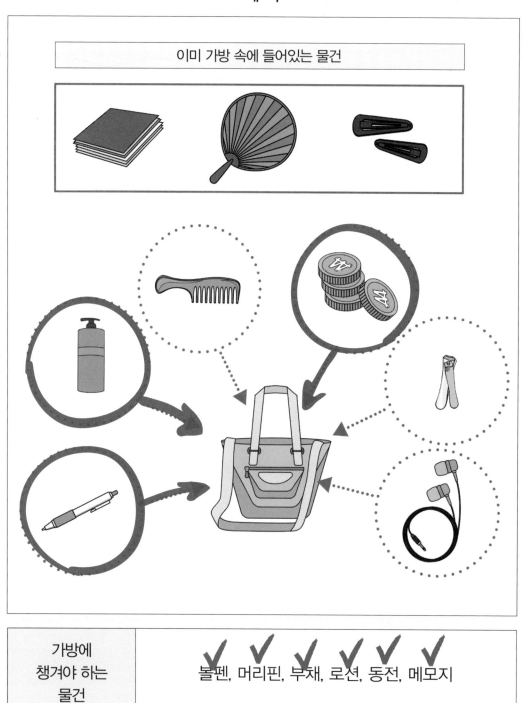

가방에 챙겨야 하는 물건	✔ ✔ ✔ ✔ ✔ ✔ 볼펜, 머리핀, 부채, 로션, 동전, 메모지

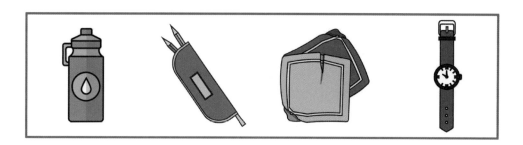

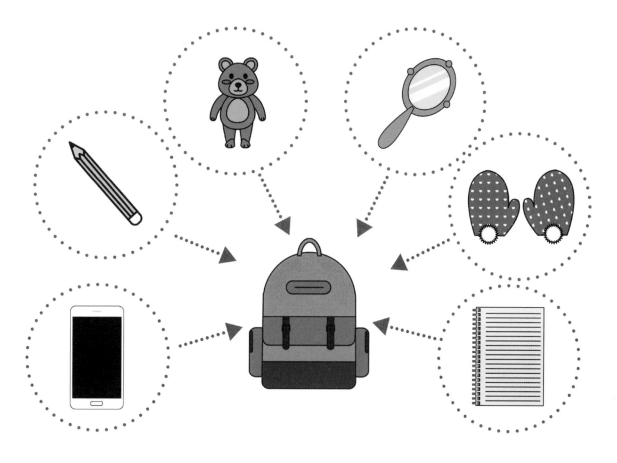

🎒 가방에 들어있는 물건을 하나씩 체크하세요.

가방에 챙겨야 하는 물건	물병, 휴대폰, 손목시계, 노트, 연필, 손수건, 필통

177

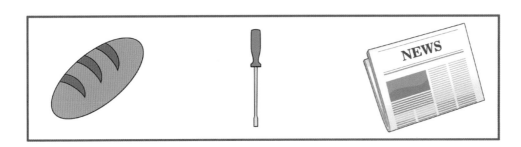

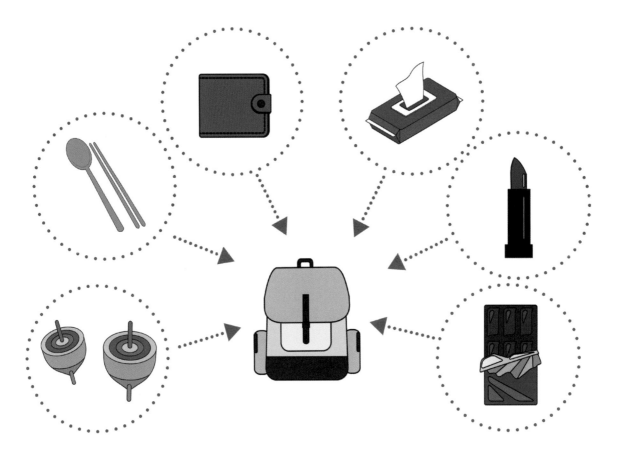

가방에 들어있는 물건을 하나씩 체크하세요.

가방에 챙겨야 하는 물건	지갑, 팽이, 빵, 물티슈, 드라이버, 초콜렛, 신문

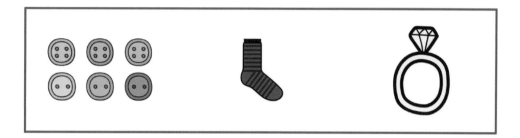

✏️ 가방에 들어있는 물건을 하나씩 체크하세요.

가방에 챙겨야 하는 물건	반지, 사탕, 도시락, 단추, 풀, 양말, 연고

🏠 큰 동그라미에 내 가방을 그려보세요. 그리고 평소에 내가 항상 챙겨야
하는 물건을 생각하여 작은 동그라미에 써 봅시다.

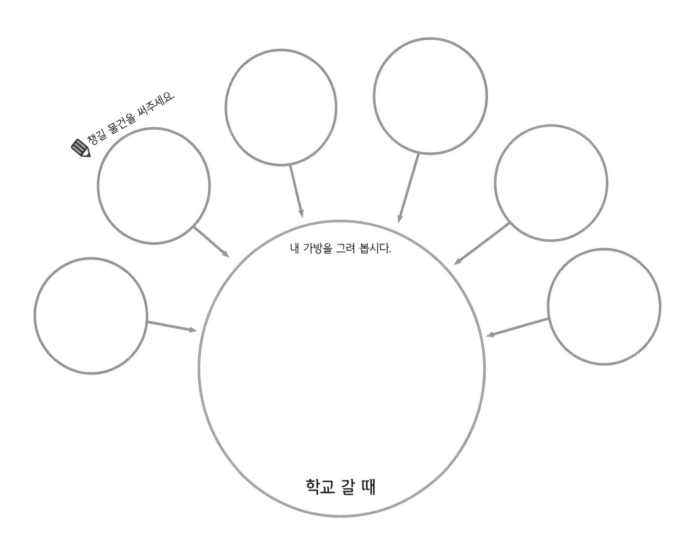

✏️ 챙길 물건을 써주세요

내 가방을 그려 봅시다.

학교 갈 때

✏️ 준비물을 잊지 않고 챙기려면!?

· 어떤 곳을 갈 때에는 시간 순서별로 무엇을 할 것인지 생각해 보세요!

· 내가 할 일이 몇 가지 정해지면, 상황별로 어떤 물건들이 필요한지 떠올려
  봅시다.

· 필요한 물건이 떠오르면 꼭 메모해두세요!

· 준비물을 차례대로 보이게 나열한 후, 시간 순서대로 상황을 상상하며 빠
  진 물건이 없는지 다시 체크해 보세요.

· 준비물은 미리미리 챙겨야 빠뜨리지 않는답니다!

✏️ 내가 자주 다니는 장소를 적고, 해당 장소를 갈 때 챙겨야 할 물건을 써 봅시다.

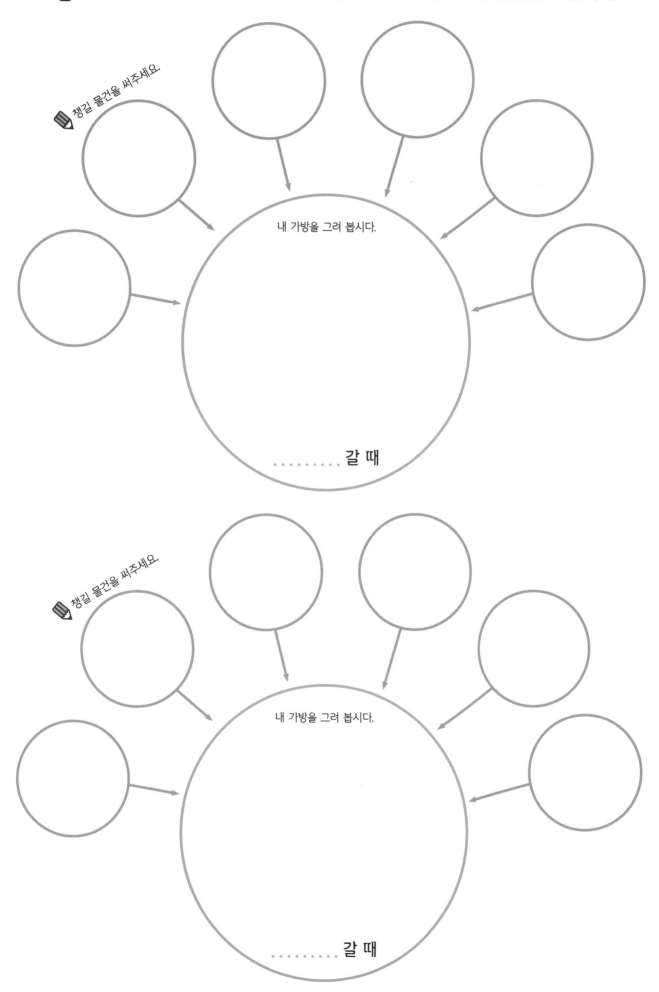

🏠 물건을 잃어버렸을 때, 어떻게 하면 좋을까요? 다음을 읽고 올바른 대처 방법에 'O' 표시해 보세요.

내 물건을 만졌던 사람을 탓해요.	급하게 사용해야 하는 물건이라면 대체할 수 있는 것이 무엇인지 생각해요.
일단 속상함을 풀기 위해 큰 소리로 울어요.	엄마에게 짜증내며 물건을 찾아놓으라고 말해요.
최근에 그 물건을 봤을 것 같은 사람에게 물어봐요.	내가 입었던 옷의 주머니나 사용했던 가방을 다시 한번 뒤져보아요.
내가 마지막으로 그 물건을 본 것이 언제인지 생각해 보아요.	어차피 못 찾을 테니 그냥 바로 포기하고 새로 사요.
물건이 있을만한 장소를 뒤져보아요.	누가 훔쳐갔을 수도 있으니 주변 사람을 의심해요.

올바르게 사과하는 방법

👤 다음 이야기를 보고 어떤 상황인지 생각하며 이야기 나누어 봅시다.

　　채현이는 장난을 치다 자예의 새 교과서를 찢어버리고 말았어요. 그냥 가려던 채현이를 화가 난 자예가 불러 세웠어요. "책을 찢었으면 사과를 해야지!" 채현이는 자예의 말을 무시하고 그냥 가버렸어요. 자예는 속상한 나머지 울음을 터뜨리고 말았어요. 그 때, 선생님이 다가와 채현이에게 올바르게 사과하라고 말했어요. 채현이는 고개를 까딱거리며 "미안"이라고 퉁명스럽게 말했어요.

생각 넓히기

1　무슨 일이 일어났는지 이야기해 봅시다.

2　채현이의 행동은 어떤 점이 잘못되었을까요?

3　채현이의 행동으로 인해 자예는 어떤 감정과 생각이 들었을까요?

4　채현이를 보는 주변 사람들은 어떤 생각을 하였을까요?

5　올바르게 사과하는 방법이란 무엇일까요?

6　주변 사람을 속상하게 만들었던 기억을 떠올려보고, 어떻게 사과했었는지에 대해 말해 봅시다.

🏠 다음 단어 카드를 보고, 상대방에게 진심으로 사과할 때의 행동으로 올바른 것을 모두 골라 'O'표시해 보세요.

무관심 표현하기	다른 곳 쳐다보기	"미안해."라고 말하기
얼굴 찌푸리기	부드러운 목소리	안타까운 표정 짓기
하던 일 계속하기	지나치기	밝은 목소리
울기	웃기	자세 낮추기
화내기	무엇이 미안한지 설명하기	뒷걸음질 치기
가만히 기다리기	괜찮은지 물어 보기	무엇을 잘못한 것인지 따지기

🏠 다음 상황을 보고 무슨 말을 해야 할지 생각하며 정답을 써 봅시다.

1) 익준이가 실수로 가은이의 발을 콱 밟았어요. 익준이는 가은이에게 뭐라고 말할 수 있을까요? 알맞은 말에 ○ 하고, 표현할 수 있는 말을 더 생각해 봅시다.

("정말 미안해." / "너 왜 거기 있어!")

또 뭐라고 할 수 있을까요?

....

....

2) 재영이가 정아에게 지우개를 빌린 후, 잃어버리고 말았어요. 재영이는 정아에게 뭐라고 말할 수 있을까요? 알맞은 말에 ○ 하고, 표현할 수 있는 말을 더 생각해 봅시다.

("내가 또 사주면 되지." / "정아야, 진짜 미안해!")

또 뭐라고 할 수 있을까요?

....

....

3) 강우가 희재의 하얀 옷에 사인펜을 묻혀 희재의 옷이 더러워졌어요. 강우는 희재에게 뭐라고 말할 수 있을까요? 알맞은 말에 ○ 하고, 표현할 수 있는 말을 더 생각해 봅시다.

("진심으로 사과할게." / "야, 네 옷 멋있어졌다!")

또 뭐라고 할 수 있을까요?

....

....

4) 호빈이가 지나가다가 수아의 물컵을 건드려 다 쏟고 말았어요. 호빈이는 수아에게 뭐라고 말할 수 있을까요? 알맞은 말에 ○ 하고, 표현할 수 있는 말을 더 생각해 봅시다.

("내가 얼른 닦아줄게. 미안해." / "네 물컵 때문에 내 옷 젖을 뻔 했잖아.")

또 뭐라고 할 수 있을까요?

....

....

5) 태경이가 던진 공에 가빈이가 머리를 맞았어요. 태경이는 가빈이에게 뭐라고 말할 수 있을까요? 알맞은 말에 ○ 하고, 표현할 수 있는 말을 더 생각해 봅시다.

("와, 진짜 고마워!!" / "머리 괜찮아? 정말 미안해.")

또 뭐라고 할 수 있을까요?

....

....

6) 예솔이가 그만 재호가 쌓은 블록을 무너뜨리고 말았어요. 예솔이는 재호에게 뭐라고 말할 수 있을까요? 알맞은 말에 ○ 하고, 표현할 수 있는 말을 더 생각해 봅시다.

("아! 정말 미안해." / "진짜 멋지다!")

또 뭐라고 할 수 있을까요?

....

....

✏️ '올바르게 사과하는 방법'이 적힌 기차를 만든 후, 다음 설명을 읽으며 기차에 적힌 말이 어떤 의미인지 생각해 봅시다. (p.233에서 기차를 만들어 보세요)

기차 안에 적힌 말의 의미를 알아 봅시다.

(1) 걱정스러운 표정으로 진지하게 미안하다고 말하기

진심으로 "미안해."라고 말하는 단계입니다.
미안하다고 말할 때는 표정과 태도, 행동을
진지하고 심각하게 하는 것이 매우 중요하답니다.

(2) 상대방의 상태 확인하기

"괜찮아?"라고 상대방에게 물어 보는 단계입니다.
나로 인해 안 좋은 상황에 처한 상대방에게
걱정스러운 표정으로 물어 보면 된답니다.

(3) 나의 행동에 대한 이유 설명하기

내가 왜 이렇게 행동했는지에 대해 말해주는 단계입니다.
예를 들면 "내가 너를 못 봐서 부딪혔어.", "빨리 달려가다가
옷이 걸렸나봐."등 고의로 행한 일이 아님을 상대에게 알려주세요.

(4) 앞으로 어떻게 변화할지에 대해 말해주기

또 다시 같은 상황에 반복되지 않도록 앞으로는
어떻게 주의를 기울일지 상대방에게 말해주는 단계입니다.
예를 들면 "앞으로는 누가 있는지 잘 확인하고 공을 찰게.",
"앞으로는 물건이 없어지지 않도록 잘 확인할게."등을 말해주는 거지요.

연습해 봅시다.

(1) 걱정스러운 표정으로 진지하게 미안하다고 말하기

"정말 미안해."

(2) 상대방의 상태 확인하기

"괜찮아? 다치지는 않았어?"

(3) 나의 행동에 대한 이유 설명하기

"내가 사람이 있는 걸 못 보고 공을 던졌어."

(4) 앞으로 어떻게 변화할지에 대해 말해주기

"앞으로는 내가 잘 보고 공놀이를 할게."

 잠깐!

말로만 연습하지 않아요. 어떤 표정과 몸짓을 사용해야 마음이 효과적으로 전달될지 생각하며 실제 상황처럼 표현해 보세요.

'미안해'기차를 활용하여 여러 가지 상황 속에서 어떤 말과 행동을 할 것인지 다양하게 놀이해 보세요!

순서 지켜 말하기

👩 다음 이야기를 보고 어떤 상황인지 생각하며 이야기 나누어 봅시다.

성무는 늘 다른 사람이 말하고 있을 때 끼어들어요. 대화할 때 다른 사람이 말할 수 있는 시간도 주지 않는 답니다.

어느 날, 아이들이 모여 수현이의 생일선물에 대해 말하고 있었어요. 민주가 "다음 주가 수현이의 생일이잖아. 무슨 선물을 줄까 고민하다가 인형이 떠오르…"라고 말하고 있던 도중! 성무가 갑자기 민주의 말을 끊으며 말했어요. "어! 나 저번에 인형 사러 갔었는데! 수현이에게는 인형보다 카드가 좋을 것 같아. 카드 진짜 예쁜 것 본 적 있거든~~." 그 후로도 한참 동안 성무는 혼자 자기 얘기만 했답니다.

생각 넓히기

1 무슨 일이 일어났는지 이야기해 봅시다.

2 성무와 함께 이야기하던 친구들은 어떤 생각과 기분이 들었을까요?

3 다른 사람과 대화할 때에 왜 순서를 지켜야 할까요?

4 계속해서 다른 사람의 말에 끼어들거나 혼자서만 말한다면 앞으로 어떻게 될까요?

5 대화 중 대화 차례가 다른 사람에게 넘어가는 것을 어떻게 알 수 있을까요?

　또한 대화 중 내 차례에서 얼마나 말하는 것이 적당할까요?

🏠 '침묵 대화'를 해 봅시다. 침묵 대화는 말을 하지 않고 조용한 상황에서 글로만 이야기를 주고받으며 대화하는 것이랍니다. 제시된 주제와 관련하여 침묵 대화를 이어 나가 봅시다.

[대화 주제]

지난 주말에 있었던 일

• **침묵 대화 시작!**

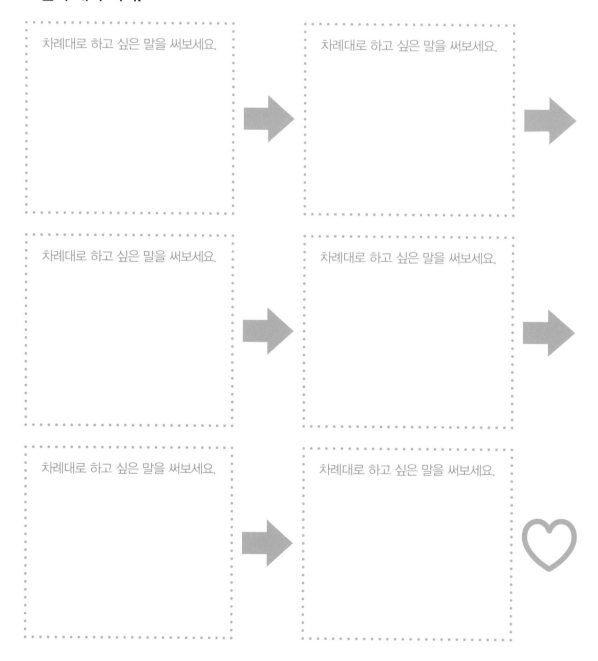

생일에 하고 싶은 것

• **침묵 대화 시작!**

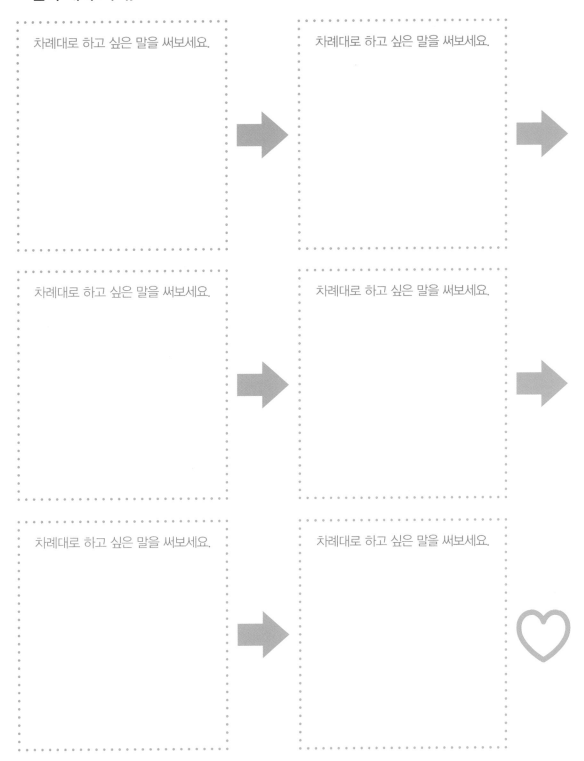

[대화 주제]
20년 후 대한민국은?

• **침묵 대화 시작!**

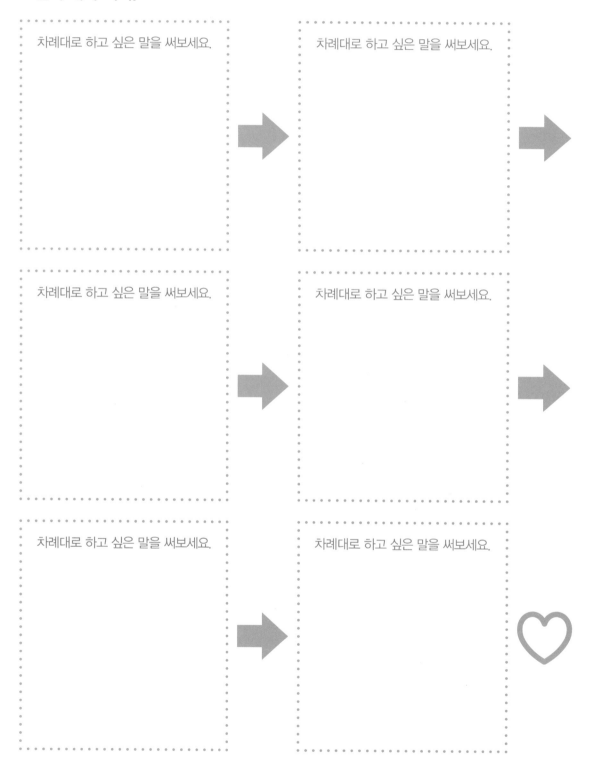

차례대로 하고 싶은 말을 써보세요.

차례대로 하고 싶은 말을 써보세요.

차례대로 하고 싶은 말을 써보세요.

차례대로 하고 싶은 말을 써보세요.

차례대로 하고 싶은 말을 써보세요.

차례대로 하고 싶은 말을 써보세요.

[대화 주제를 자유롭게 정해 봅시다.]

• **침묵 대화 시작!**

🏫 대화하는 상황에서 대처할 수 있는 방법에 대해 알아 보고, 이를 기억하여 오른쪽 페이지에 써 봅시다.

1-1) 기억

친구와 대화하는 상황에서
갑자기 하고 싶은 말이 생각났어요.
어떻게 해야 할까요?

다음 내용을 읽고, 잘 기억하세요.

· 친구의 이야기를 갑자기 끊지 말고 끝까지 들어야 해요.

· 친구의 이야기와 이어지는 내용인지 생각해 보고, 자연스럽게 연결할 것인지, 주제를 바꿀 것인지를 결정해요.

· 친구의 이야기가 끝나면 먼저 친구가 말한 내용부터 반응해주어요.

· 내 차례에 하고 싶은 이야기를 알맞게 이어나가요.

· 주제가 바뀌는 내용이라면, "그런데", "그건 그렇고", "다른 이야기인데…" 등의 연결어를 먼저 말해 주세요.

✏️ 보지 않고도 기억날 수 있게 위의 내용을 읽으며 외워주세요!

✏️ 왼쪽 페이지가 보이지 않도록 가리고, 내용을 잘 기억하며 써 봅시다.

1-2) 회상

친구와 대화하는 상황에서
갑자기 하고 싶은 말이 생각났어요.
어떻게 해야 할까요?

기억나는 내용을 아래 빈 칸에 써 봅시다.

✏️ 또 다른 나의 생각이 있다면, 위의 빈 칸에 써주세요.

친구와 대화하는 상황에서
급하게 꼭 전달해야 하는 말이 생각났어요.
어떻게 해야 할까요?

다음 내용을 읽고, 잘 기억하세요.

· 친구의 이야기가 이어지는 도중이라면, 말을 잠깐 쉬는 타이밍을 찾아요.

· 친구가 말을 하고 있는 도중이라면 내가 할말이 있다는 뜻을 전하기 위한
행동이나 제스처를 표현해요.
(예: 친구에게 손을 뻗으며 '잠깐' 멈추라는 제스처를 보인다.)

· 친구의 말을 부득이하게 끊은 경우, 가장 먼저 말을 끊은 것에 대해 미안
하다고 전달한다.
(예: "갑자기 말을 끊어서 미안해. 급하게 할 말이 있어." 등)

· 친구에게 할 말을 간단명료하고 빠르게 전달한다.

🖊 보지 않고도 기억날 수 있게 위의 내용을 읽으며 외워주세요!

✏️ 왼쪽 페이지가 보이지 않도록 가리고, 내용을 잘 기억하며 써 봅시다.

2-2) 회상

친구와 대화하는 상황에서
급하게 꼭 전달해야 하는 말이 생각났어요.
어떻게 해야 할까요?

기억나는 내용을 아래 빈 칸에 써 봅시다.

✏️ 또 다른 나의 생각이 있다면, 위의 빈 칸에 써주세요.

친구의 얘기가 끝나고,
내가 말을 해도 되는 타이밍!!
어떻게 해야 할까요?

다음 내용을 읽고, 잘 기억하세요.

- 친구의 말이 끝난 후, 약 2초 이상 고요해요.

- 친구가 나를 바라보며 다음 대답이나 이야기를 기다려요.

- 친구가 나의 의견을 묻는 질문을 해요.

- 내가 말할 타이밍에는 다음을 꼭 생각하고 말해야 해요.
  - 친구가 말한 주제에 해당하는 이야기를 연결해서 할 것인가?
  - 다른 주제로 바꾼다면 어떤 주제가 좋을까?
  - 친구가 말한 주제와 관련 있는 주제, 또는 완전히 다른 주제?

✏ 보지 않고도 기억날 수 있게 위의 내용을 읽으며 외워주세요!

✏️ 왼쪽 페이지가 보이지 않도록 가리고, 내용을 잘 기억하며 써 봅시다.

3-2) 회상

친구의 얘기가 끝나고,
내가 말을 해도 되는 타이밍!!
어떻게 해야 할까요?

기억나는 내용을 아래 빈 칸에 써 봅시다.

✏️ 또 다른 나의 생각이 있다면, 위의 빈 칸에 써주세요.

잘 듣는(경청) 태도란 무엇일까요?

함께 알아 봅시다.

다음 내용을 읽고, 잘 기억하세요.

- 친구가 말을 하는 동안, **친구를 집중해서 바라봐요.** 단, 뚫어지게 쳐다보는 것이 아니라 자연스럽게 눈맞춤을 하는 것이 중요해요!

- 친구의 말을 들으면서 **자연스럽게 호응**해주세요.
  (예: 고개 끄덕이기, '아~, 음~' 등의 추임새 넣기)

- 친구가 말하는 내용을 잘 기억하여 **중간중간 다시 정리해서** 들려주어요.
  (예: "(들은 내용을 그대로)아~ 네가 어제 축구하러 갔다왔구나!.")

- 급한 일이 아니라면, 친구가 하는 말을 **중간이 끊지 않고 집중해서 끝까지** 들어주어요.

- 친구가 말을 하는 동안에는 **몸을 친구를 향하게** 하며, 너무 분주하게 움직이거나 시끄러운 소리를 내는 행동은 자제해야 해요.

✏️ 보지 않고도 기억날 수 있게 위의 내용을 읽으며 외워주세요!

4-2) 회상

잘 듣는(경청) 태도란 무엇일까요?

함께 알아 봅시다.

기억나는 내용을 아래 빈 칸에 써 봅시다.

✏️ 또 다른 나의 생각이 있다면, 위의 빈 칸에 써주세요.

주변 사람을 소개해요

다음 이야기를 보고 어떤 상황인지 생각하며 이야기 나누어 봅시다.

　　우리 반에서 내가 가장 좋아하는 친구는 홍예슬입니다.

　　예슬이는 커다란 눈과 하얀 피부를 가진 예쁜 친구입니다. 예슬이는 항상 긴 머리를 가지런하게 땋거나 단정하게 묶고 다닙니다. 종이접기를 무척 잘해서 가끔 색종이로 여러 가지를 접어 친구들에게 선물을 주기도 합니다.

　　예슬이를 좋아하는 이유는 항상 저에게 친절하게 대해주고, 맛있는 간식이 있으면 나누어 주는 마음 따뜻한 친구이기 때문입니다.

생각 넓히기

1. 누구를 소개하는 글인가요?

2. 위 글에서 친구를 소개할 때 어떤 부분에 대해 이야기를 하였나요? (ex. 외모, 취미 등)

3. 주변 사람을 소개할 때 꼭 이야기해야 하는 부분은 무엇일까요?

4. 내가 소개하고 싶은 사람을 떠올리며 무엇에 대해 소개할지 정해 봅시다.

5. 내 주변 사람을 소개해 봅시다.

🏠 다음 '친구 소개하기' 활동을 함께 해 봅시다.

✏️ 내가 소개하고 싶은 친구를 생각해 보세요. 나는 누구를 소개하고 싶나요?

"내가 소개하고 싶은 친구는 (   ) 입니다."

✏️ 친구에 대한 정보를 간략하게 써 봅시다.

이름			
나이		**성별**	
학교/유치원(반)			
사는 동네			
성격			
좋아하는 것			
싫어하는 것			
친해지게 된 이유			
제일 잘하는 것			

✏️ 친구의 모습을 떠올려 그려 봅시다.

✏️ 친구를 소개할 때, 어떤 내용이 들어가는 것이 좋을까요? 다음 중 친구를 소개할 때 말하고 싶은 주제를 동그라미 해 보세요.

친구의 외모	기억에 남는 친구와의 추억	친구의 버릇	친구의 취미
친구의 가족	친구를 좋아하게 된 이유	친구가 좋아하는 것과 싫어하는 것	친구가 가장 잘하는 과목
친구의 성격	친구가 다니는 학원	친구의 장래희망	앞으로 친구랑 함께 해 보고 싶은 것

✏️ 위의 내용을 바탕으로 내 친구를 소개하는 글을 써 봅시다.

내 친구는요,

🏠 친구의 이름으로 삼행시를 지어 봅시다. 그리고 다른 사람들에게 그 친구에 대해 소개해 봅시다.

[보 기]

김 치찌개를 좋아하는 내 친구

정 완이는

완 전 따봉이에요!

정완이는 내 여자 친구예요.
머리가 길고 얼굴이 조막만해서
친구들 사이에서 인기가 정말 많아요.
정완이는 김치찌개를 좋아해서
급식시간에 김치찌개가 나오면
항상 밥을 두 그릇씩 먹어요...
(이하생략)

1) 먼저, '친구'라는 단어로 이행시를 지어 보고, 내가 좋아하는 친구들을 떠올려 말해 봅시다.

친

구

2) 위의 이행시를 지으며 떠오른 친구의 이름을 모두 적어 봅시다.

3) 친구의 이름을 동그라미 안에 순서대로 적은 후, 삼행시를 지어 봅시다. 그리고 '소개 주제' 카드 중 친구에 대해 소개하고 싶은 내용의 주제를 선택하여 아래 네모 칸에 붙여주세요. 선택한 '소개 주제'카드를 보면서 친구에 대한 소개말을 만들어 봅시다. (소개 주제 카드는 p.259에서 오려 사용하세요.)

소개 주제 카드를 선택하여 붙여주세요.

결과를 알고 축하와 격려해요

🧑 다음 이야기를 보고 어떤 상황인지 생각하며 이야기 나누어 봅시다.

　　체육대회 날, 재인이네 반 아이들은 달리기 시합을 했습니다. 1등에게는 큰 선물이, 2등, 3등에게는 작은 선물이 준비되어 있었죠. '준비, 탕!' 하는 소리에 맞춰 아이들은 달리기 시작했어요. 재인이는 열심히 달렸지만 진수와 민경이보다는 늦게 도착해서 3등을 했어요.

　　시합이 끝나고 재인이는 3등 상품을 바닥에 집어 던졌어요. 그리고 엉엉 울며 "흑흑, 다시 할 거야! 내가 1등 할거야. 달리기 다시 할 거야!" 하고 소리쳤어요.

생각 넓히기

1　무슨 일이 일어났는지 이야기해 봅시다.

2　재인이가 상품을 집어 던지고 울며 소리를 지른 이유는 무엇일까요?

3　재인이의 행동을 바라본 주변 사람들의 얼굴 표정을 상상하며 어떤 생각과 감정이 들었을지 말해 봅시다.

4　달리기에서 진 재인이는 어떻게 했어야 할까요?

5　시합에서 져서 속상해하는 친구가 있다면 나는 무슨 말과 행동을 할 수 있을까요?

6　결과가 좋지 않아서 속상하거나 슬펐던 기억을 떠올려 말해 봅시다.

🏠 상황에 맞게 그림으로 그린 후, 질문에 답을 적어 봅시다.

졌을 때의 기분을 그려보세요.

1) 어떤 느낌/생각이 드나요?

2) 졌을 때 느껴지는 감정을 어떻게 해결할 수 있을까요?

이겼을 때의 기분을 그려보세요.

1) 어떤 느낌/생각이 드나요?

2) 다른 사람을 이긴 후, 어떻게 행동 하는 것이 좋을까요?

🏠 이겼을 때와 졌을 때의 나의 경험을 생각하며 표정을 그려보고, 대처 방법에 대해 써 봅시다.

이기다

어떤 표정일까?	나의 경험과 대처 방법

지다

어떤 표정일까?	나의 경험과 대처 방법

1) 게임이나 내기에서 졌어요.

지는 것은 너무 싫어! 화내고, 짜증내고, 울면서 소리도 질러요!

주변 사람들은 어떤 생각과 기분이 들까요?

2) 친구가 게임에서 져서 속상해해요.

푸하하! 게임에서 진 친구를 놀리고 무시했어요.

친구는 어떤 생각과 기분이 들까요?

🏠 경기를 마친 후, 친구와 나눌 수 있는 다양한 표현에 대해 생각하여 써 봅시다.

✏️ **내가 경기에서 이겼어요!** 친구의 말을 듣고 나는 뭐라고 말할 수 있을까요?

> 우와~ 이긴 거 축하해!
> 어떻게 그렇게 잘하는 거야?!

✏️ **내가 경기에서 졌어요.** 친구의 말을 듣고 나는 뭐라고 말할 수 있을까요?

> 괜찮아? 너무 속상해하지 마.
> 다음에는 더 잘할 거야….

✏️ 친구가 게임에서 졌어요. 친구가 속상해하면 나는 뭐라고 말할 수 있을까요?

하… 또 졌잖아…!?
(친구가 속상해하며 시무룩해짐)

✏️ 친구가 게임에서 이겼어요! 기뻐하는 친구에게 나는 뭐라고 말해주면 좋을까요?

앗싸!!! 내가 이겼다!!!!!
오예~~!!!!!

어떤 경기를 마친 후, 경기에 대해 나는 어떻게 행동했는지 스스로 평가해 봅시다. 경기에 대한 나의 행동을 생각하며 빈 칸에 손 모양을 붙여 보아요. (p.261 스티커를 활용하세요.)

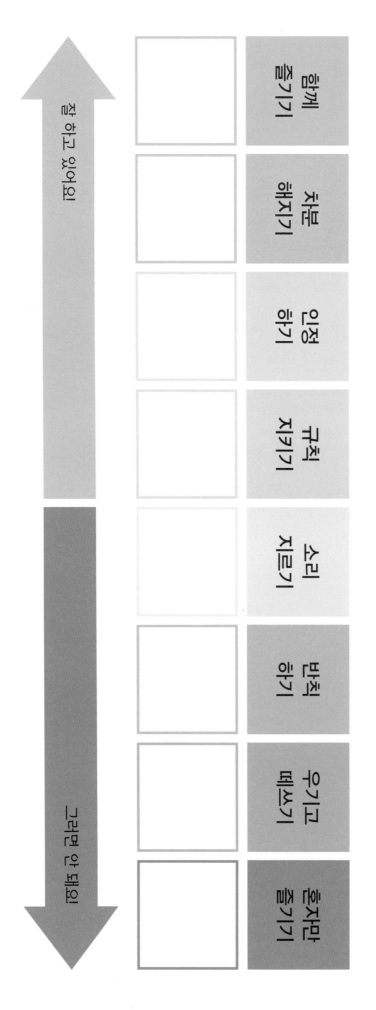

🏠 속상하거나 화가 났을 때, 감정을 조절하는 4단계 방법을 알아 봅시다.

1 숨을 크게 내쉬고
1~10까지 천천히 세어 보자!

2 화가 난 지금! 난 어떻게
행동하고 있는지 생각해 봐.

4 어떻게 하는 것이 올바른지
생각해서 행동해 보자!

3 내가 '왜' 화가 났는지
잘 생각해 보자.

활동 자료

이 부분을
잘라주세요.

이름 :

물건 :

접는 부분

이 부분을
잘라주세요.

이름 :

물건 :

219

✏ 정리정돈 보드게임용 이동 말 (p.38에서 활용하세요.)

🖊 정리정돈 보드게임 판 (p.38에서 활용하세요.)

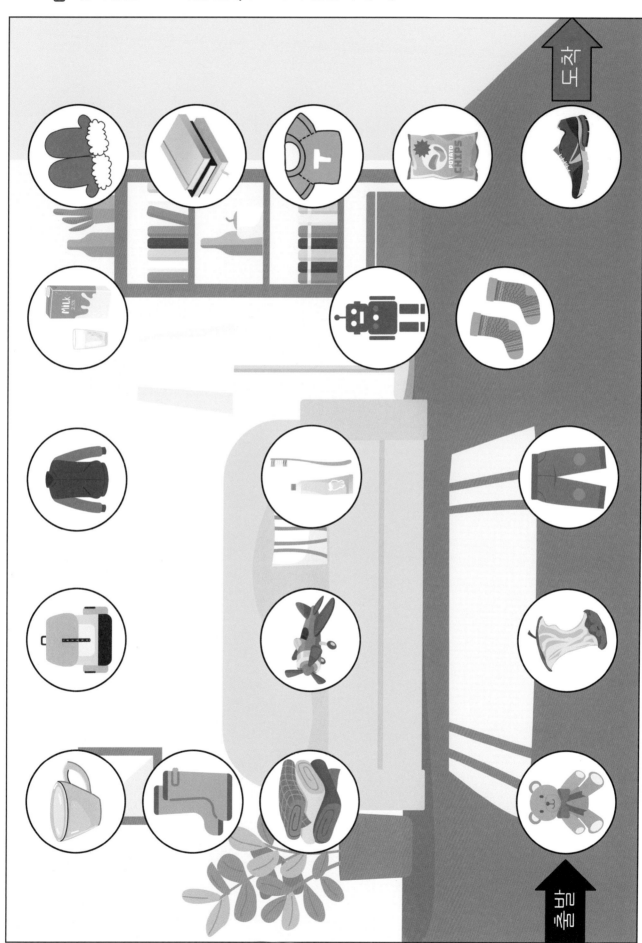

✏️ 세균이 가득한 손 도안 (p.103에서 활용하세요.)

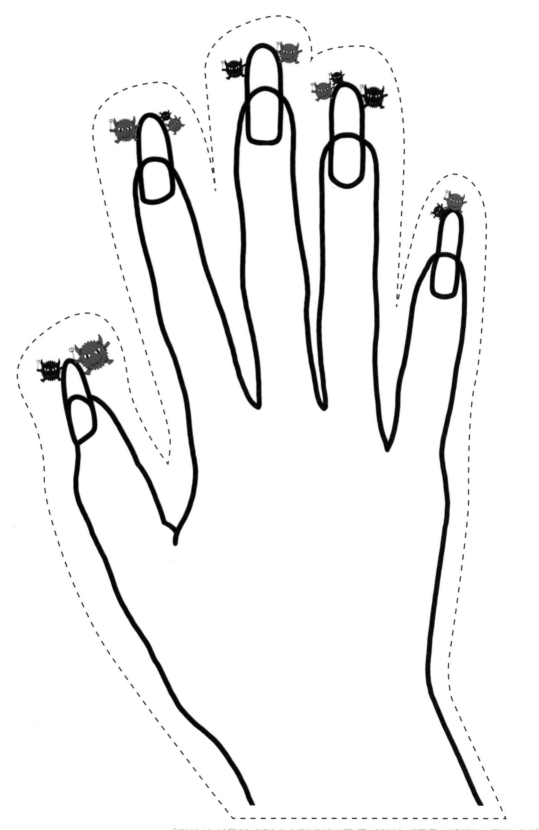

[잘라서 사용하세요! / 수정테이프를 준비하여 세균을 지워줘도 된답니다!]

✏️ 세균이 가득한 발 도안 (p.103에서 활용하세요.)

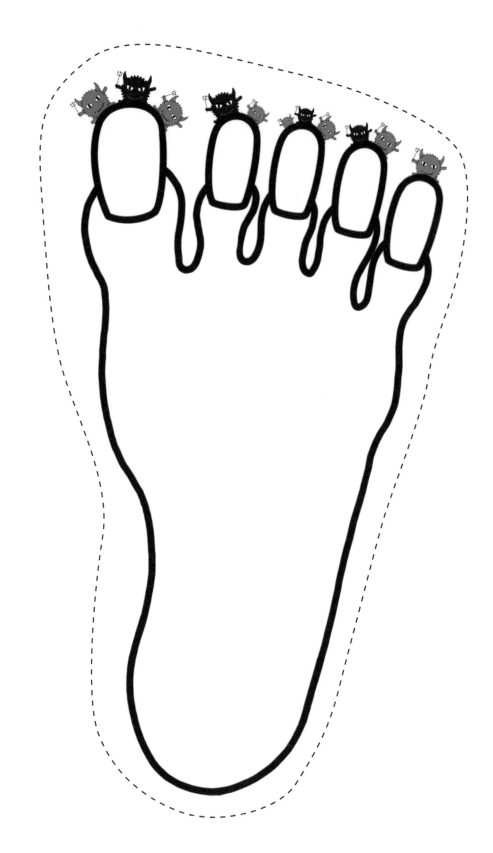

[잘라서 사용하세요! / 수정테이프를 준비하여 세균을 지워줘도 된답니다!]

얼굴 가면을 괴물 같이 꾸며 오려보세요. 귀에 있는 구멍을 뚫어 고무줄을 연결하면 가면으로 착용할 수 있답니다. (p.135에서 활용하세요.)

나쁜 말을 많이 하는 사람의 얼굴을 마치 괴물 같아요!

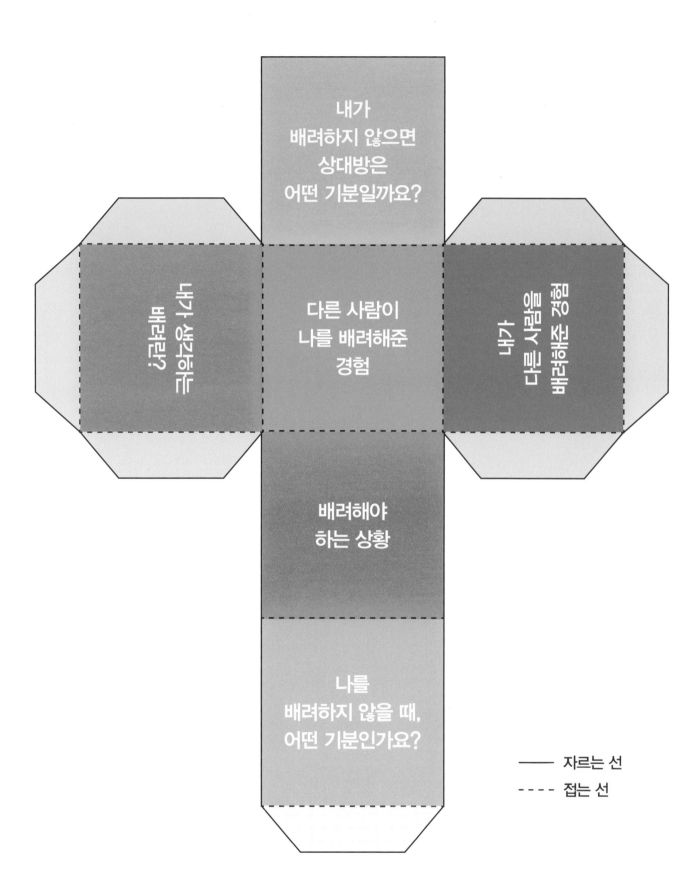

내가
배려하지 않으면
상대방은
어떤 기분일까요?

내가 싫어하는
배려?

다른 사람이
나를 배려해준
경험

내가
다른 사람을
배려해준 경험

배려해야
하는 상황

나를
배려하지 않을 때,
어떤 기분인가요?

── 자르는 선
- - - - 접는 선

✏️ '올바르게 사과하는 방법'이 적힌 기차를 만들어 봅시다. (p.187에서 활용하세요.)

칙칙폭폭 '미안해' 기차

걱정스러운 표정으로
진지하게 미안하다고 말하기

상대방의 상태 확인하기

나의 행동에 대한
이유 설명하기

앞으로 어떻게 변화할지에
대해 말해주기

기차 연결 줄

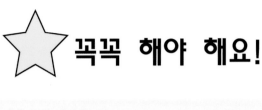 내가 꼭 해야 하는 일 기억판 (p.32에서 활용하세요.)

⭐ 꼭꼭 해야 해요!

내가 해야 할 일을 크게 적어주세요.

나 _____는(은) _____을(를)

매일 매일 할 것을 약속합니다!

도장

⭐ 꼭꼭 해야 해요!

내가 해야 할 일을 크게 적어주세요.

나 _____는(은) _____을(를)

매일 매일 할 것을 약속합니다!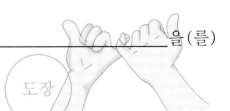

도장

정리 이름표 도안 (p.37에서 활용하세요.)

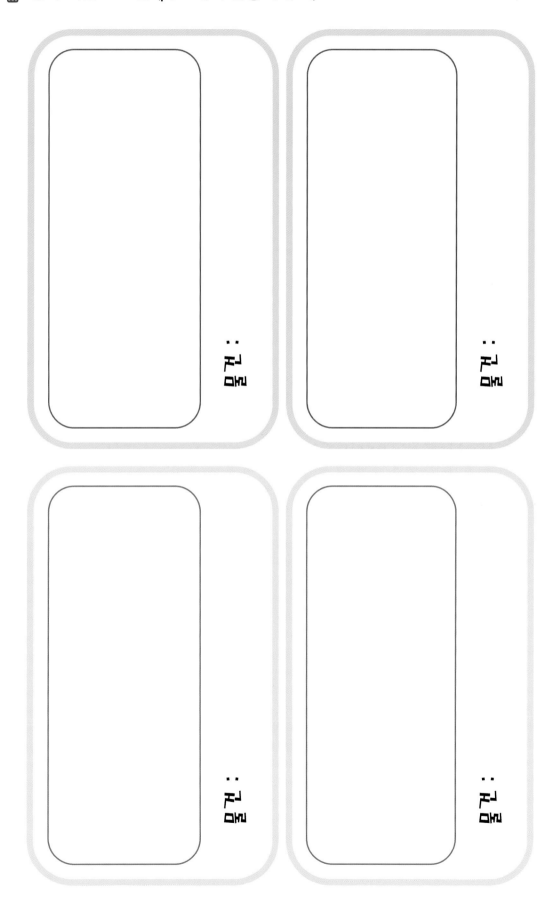

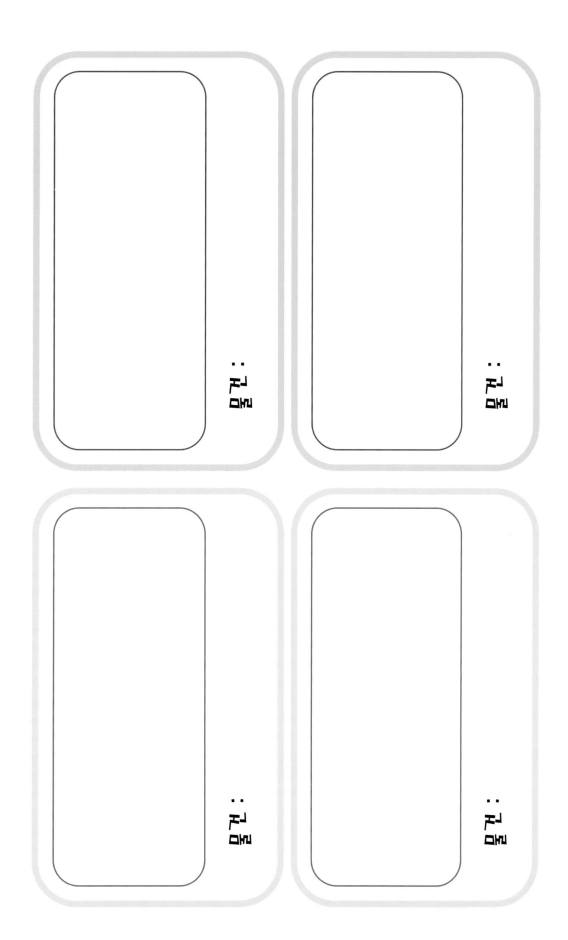

물건 :

물건 :

물건 :

물건 :

🖊 여러 가지 표정 스티커 (p.61에서 활용하세요.)

눈

코

입

눈썹

243

✏️ 손톱 도안 (p.104에서 활용하세요.)

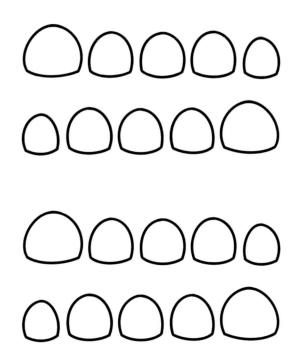

✏️ 발톱 도안 (p.105에서 활용하세요.)

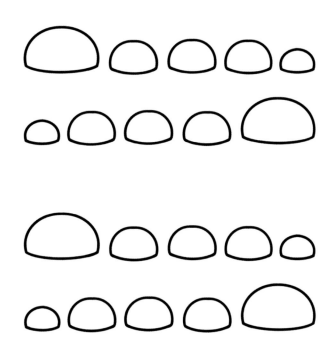

🖍 손 씻기 순서 그림 (p.110에서 활용하세요.)

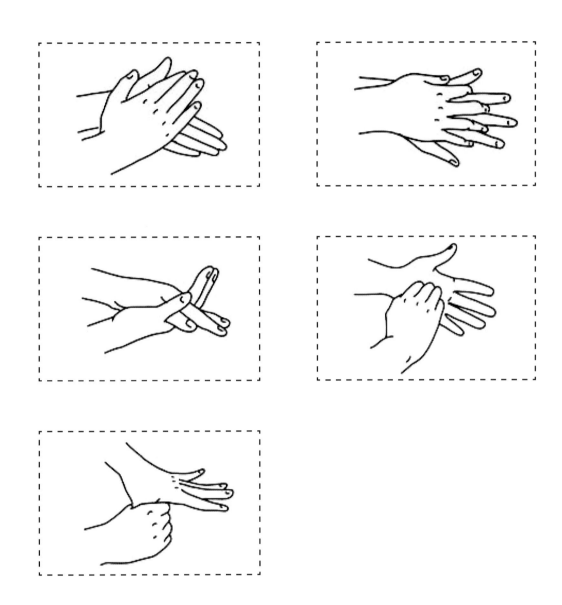

위의 그림을 오려서 P.110에 있는 표에 올바른 순서대로 붙여주세요.

피자 도안 (p.124에서 활용하세요.)

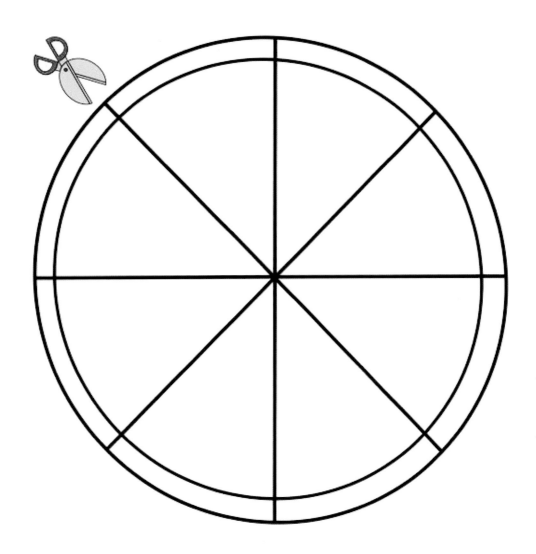

[음식 그림을 가위로 자르거나 손으로 찢어서 나눠줄 수 있어요!]

말 카드

돼지 같아! 푸하하하	우리 손에는 세균이 많으니까 같이 손 씻으러 갈래?	도움이 필요하면 언제든지 말해! 내가 도와줄게!
너는 개성이 있는 얼굴이라서 더 멋져!	냄새 나! 저리 가라구~	너랑 같이 다니면 창피하다구~
우리 건강을 위해서 운동하자~ 살이 많이 찌면 아플지도 몰라.	문제 이것도 못 푸니? 너 바보 아니야?	우리 같이 운동해서 몸 튼튼해지자
나보다 힘도 약하면서! 나한테 까불지마.	네 모습이 부끄러워. 저리 가! 가까이 오지마!	우리 같이 공부 열심히 해서 성적 올리자!

✏️ 예쁘게 나의 이름을 쓴 후, 오려서 사용하세요! (p.175에서 활용하세요.)

✏️ 예쁘게 나의 이름을 쓴 후, 오려서 사용하세요! (p.175에서 활용하세요.)

친구의 이름	친구의 성격	기억에 남는 친구와의 추억	친구에게 주고 싶은 선물과 그 이유	친구의 가족
친구와 다투었던 일	친구를 생각하면 떠오르는 것	친구의 취미	앞으로 친구와 해 보고 싶은 것	친구를 좋아하는 이유
친구의 단점	친구가 다니는 학교(유치원)	친구가 사는 곳	친구에 대한 자랑거리	친구의 생김새
친구에게 고마웠던 일	친구와 친한 사람들	친구와 평소에 자주하는 놀이	친구와 함께 놀러갔던 곳	친해지게 된 계기
친구가 가장 잘하는 것	친구의 키	친구가 무서워하는 것	친구의 장점	친구가 가지고 있는 물건
친구의 패션	친구가 가장 좋아하는 것	친구의 장래희망	친구의 평소 머리스타일	친구에게 서운했던 일
친구의 나이	친구에게 닮고 싶은 점	친구의 목소리와 말투	친구의 버릇	친구가 정말 싫어하는 것

✏️ 손모양을 잘라서 사용하세요! (p.214에서 활용하세요.)